Dedico este livro ao meu pai, **Dr. Aluízio Machado**, cuja sabedoria, generosidade e atenção às pessoas, aliadas ao seu apoio incondicional e exemplo de determinação, foram e sempre serão a base da minha jornada.

DEPOIMENTOS

“É lugar-comum mencionar a crescente incerteza no mundo dos negócios ou a dificuldade de escolher um caminho, dentre as infinitas possibilidades que se apresentam a todo tempo. É nesse contexto que escrever um livro tal como o *Conectando o Futuro: estratégias de IA e transformação para líderes* pode servir às lideranças não como um guia, mas como material robusto para reflexão. O livro discute tecnologia, estratégia e o papel das pessoas e inspira leitores e leitoras a repensar modelos e a se antecipar às mudanças, enaltecendo a importância de conectar o presente e futuro. Estou cada vez mais convencido que essa relação de causalidade não é tão óbvia – o futuro pode muito bem influenciar o presente...

Escrever um livro é uma caminhada morro acima. Cada página escrita é uma vitória e o processo mira para além da transmissão de conhecimento: quando bem-feito, como é o caso, aspira ser catalisador da reflexão, da mudança, do progresso.

Minha experiência como orientador me permitiu acompanhar a jornada do Bruno de perto e logo pude perceber características claras a quem o conhece: estudioso, atencioso e dedicado, com atitude positiva e uma constante busca por aprimoramento. Essa obra reflete essas características pessoais, acompanhadas de tenacidade e inspiração. A convivência e a possibilidade de aprender junto com orientados tais como o Bruno reforçam meu compromisso com a docência, que exerço com orgulho há mais de 20 anos.

Ao conectar os pontos me ocorre que uma das muitas faces do sucesso seja a capacidade de inspirar e de executar por meio do esforço. Cada projeto, cada orientação e cada nova página escrita são parte de um acervo indelével pelo qual somos responsáveis. Que a teoria e os exemplos do livro sejam inspiradores de novas reflexões, novos projetos e muitas vitórias!"

Luís Guedes

Especialista Gestão Estratégica | Pós-doutorado Inteligência Artificial | Professor FIA e Einstein | Pesquisador inovação USP

"Vivemos em um tempo em que a transformação digital e a inteligência artificial não são mais uma escolha, mas um caminho inevitável para a evolução das organizações. Na Ânima Educação, temos buscado constantemente inovar e transformar a experiência educacional por meio da tecnologia. A liderança de Bruno Machado na área de tecnologia tem sido fundamental para traduzir essa visão em realidade. Em *Conectando o Futuro*, Bruno compartilha *insights* valiosos sobre como a IA pode ser um catalisador de mudanças profundas em setores como saúde e educação. Este livro é um guia essencial para líderes que desejam não apenas acompanhar a transformação digital, mas liderá-la com visão, propósito e impacto."

Maurício Escobar

Cofundador da Ânima Educação

"A transformação digital é um dos maiores desafios e oportunidades do nosso tempo, especialmente em setores tão impactantes como a educação. Bruno Machado, com sua liderança como vice-presidente de Tecnologia e *Mindset* Digital na Ânima, tem sido essencial para traduzir essa transformação em ações concretas. Sua visão estratégica e paixão pela inovação estão preparando nossa instituição para um futuro em que tecnologia e educação caminham lado a lado. Conectando o Futuro é uma leitura indispensável para líderes que desejam compreender e aplicar a inteligência artificial de forma prática e inspiradora, criando valor real para suas organizações e para a sociedade."

Paula Harraca

CEO da Ânima Educação

PREFÁCIOS

É fascinante observar como as mudanças em nossa sociedade têm se acelerado nos últimos anos. A cada novo ciclo tecnológico, somos desafiados a nos reinventar como indivíduos, organizações e líderes. Nesse contexto, a inteligência artificial e a transformação digital emergem não apenas como ferramentas, mas como forças motrizes capazes de moldar o futuro de maneira profunda e irreversível. Essa visão permeia as páginas deste livro.

Ao longo de minha trajetória de três décadas à frente da CI&T, testemunhei como a tecnologia pode transformar negócios, criar novos modelos e, acima de tudo, impactar positivamente a vida das pessoas. Contudo, aprendi que a verdadeira transformação não reside apenas na implementação de soluções tecnológicas avançadas, mas no alinhamento entre estratégia, propósito e, acima de tudo, pessoas. É essa conexão essencial que Bruno Machado aborda com maestria em *Conectando o Futuro: estratégias de IA e transformação digital para líderes*.

Bruno nos conduz em uma jornada que vai além da técnica. Ele demonstra que liderar em tempos de mudanças rápidas exige coragem para inovar, visão para conectar o presente ao futuro e humildade para aprender constantemente. Ele nos lembra que o sucesso na transformação digital e na adoção da inteligência artificial não se resume a ferramentas, mas à nossa capacidade de criar significado, resolver problemas reais e gerar impactos positivos nas organizações e na sociedade.

Este livro é mais do que um manual técnico; é um convite à reflexão estratégica e à ação. Bruno combina experiências práticas, conceitos inovadores e casos inspiradores para oferecer uma visão abrangente e acessível sobre como líderes podem abraçar a transformação digital e a IA com propósito e eficiência. Ele nos desafia a olhar além do óbvio, questionar o *statu quo* e enxergar o potencial transformador que temos em nossas mãos.

Tenho certeza de que esta obra será uma leitura inspiradora para todos os que, como eu, acreditam que a liderança no mundo digital exige clareza de propósito e coragem para navegar na complexidade. Mais do que nunca, precisamos de líderes que não apenas acompanhem as mudanças, mas as liderem com responsabilidade e impacto positivo.

Se você é um líder comprometido em conectar o presente ao futuro, alinhar tecnologia e propósito e transformar o mundo ao seu redor, encontrará aqui uma rica fonte de *insights* e inspiração.

Obrigado, Bruno, por compartilhar conosco sua visão e por nos lembrar de que a transformação que buscamos nas organizações começa, acima de tudo, por nós mesmos.

César Gon

***Founder* & CEO da CI&T**

O futuro. Definir o futuro é um desafio complexo e multifacetado, pois ele é moldado não apenas por tendências e previsões, mas é algo que construímos ativamente por meio de nossas escolhas e ações. E é por isso que o futuro não simplesmente acontece, mas pode ser visto como um horizonte de possibilidades. Um espaço em constante construção que se transforma a cada passo que damos no presente. O resultado de decisões estratégicas, inovações disruptivas e, acima de tudo, da capacidade humana de se adaptar, aprender e transformar a si mesmo e o mundo ao seu redor.

Ao longo dos meus quase 30 anos de carreira em tecnologia, nunca me vi escondido na tradição das organizações que ajudei a construir ou acomodei-me na reputação que acumulei, mas sempre me joguei para transpirar inovação. É o que me move, o que me motiva, o que me dá energia. A inovação é a força que rompe padrões e nos tira da zona de conforto. Mas ela não vem sozinha, com ela vem a disrupção, o efeito da novidade em nossas vidas e no mundo ao nosso redor. É como se o mundo mudasse de repente, e nós, em um piscar de olhos, estivéssemos em um novo mundo, com novas regras e novas possibilidades. É um convite à adaptação e à reinvenção, onde a capacidade de aprender e se transformar torna-se a chave para explorar esse universo de mudanças.

E é nesse contexto de constante transformação que gostaria de contar quem é Bruno Machado e o que ele representa para mim. Bruno Machado não, Brunaca, como é famosamente conhecido. Conheci o Brunaca há cerca de 22 anos, quando ele iniciava sua carreira em tecnologia. Desde o começo, foi possível perceber como se conectava de maneira legítima com as pessoas ao seu redor e tratava seu trabalho e sua carreira como oportunidades diárias de aprendizado. Não levou muito tempo para nos tornarmos amigos, até porque temos mais que *bits* e *bytes* como uma paixão em comum. Temos uma paixão que adquirimos com os nossos pais e aqui quero fazer um grande parêntesis: os nossos pais. Pais que nos ensinaram o que é amar, o que é aprender e o que é explorar. Pais que, sem dúvida, nos criaram e nos moldaram com valores e a paixão por desbravar o mundo com as nossas próprias pernas. Esses mesmos pais que nos levaram à paixão pelo Galo, esse clube que tanto nos faz sorrir e chorar. Só quem vive consegue compreender, e vivenciamos muito disso juntos nas arquibancadas. Brunaca não é só um profissional que admiro, que me inspira, com quem dividiria trincheiras e iria para qualquer guerra, mas é uma pessoa que quero manter perto e nutrir a amizade até onde esta vida nos possibilitar respirar.

E hoje o convido a explorar "Conectando o Futuro", onde Bruno Machado traça uma fascinante jornada de transformação digital e revolução IA. Ao longo da leitura, você terá a oportunidade de observar como a inteligência artificial está moldando o futuro, revolucionando a interação humano-máquina, impulsionando a criatividade e redefinindo o papel da liderança. Prepare-se para uma experiência diferente dos manuais técnicos.

Descubra como construir estratégias digitais diruptivas empoderadas por IA que estejam alinhadas com o propósito da sua organização. Domine ferramentas e *frameworks* para impulsionar a inovação gerando resultados mensuráveis e concretos, navegando pelas tendências futuras e construindo um legado de impacto.

Encerro com uma mensagem para você, Brunaca. *Migão*, que alegria acompanhar sua trajetória e ver sua paixão e energia se materializarem neste livro. Você sempre me inspirou com sua dedicação, curiosidade e busca por conhecimento. Que "Conectando o Futuro" seja um farol para líderes que, como nós, buscam construir um futuro melhor para as próximas gerações. Obrigado por compartilhar sua visão e por nos lembrar que a transformação que buscamos no mundo começa em cada um de nós. E que o Galo continue nos unindo, nas vitórias e nas derrotas, mas majoritariamente nas vitórias!

Leandro Angelo

Amigo, companheiro de arquibancada, sócio e vice-presidente da CI&T

“O sucesso na transformação digital exige muito mais do que a adoção de novas ferramentas ou sistemas – ele depende de clareza estratégica, habilidades humanas, gestão de mudanças eficaz e, acima de tudo, empatia pelas pessoas impactadas.”

AGRADECIMENTOS

Este espaço é dedicado às pessoas que contribuíram em cada etapa deste livro. Peço desculpas por eventuais omissões, com a certeza de que toda contribuição foi essencial

As bases e as primeiras oportunidades

Minha jornada profissional começou com o apoio incondicional da minha **família**. Aos meus **pais**, Doutor Aluízio Machado e Maria de Fátima, que me ensinaram a importância da **educação**, e aos meus **irmãos**, Marcela e Guilherme, meu eterno carinho e gratidão. Aos meus **filhos**, Guilherme e Maria Fernanda, que me inspiram a ser uma pessoa melhor todos os dias, e à minha **esposa**, Priscilla Okubo, que sempre esteve ao meu lado, incentivando meus projetos mais ousados e "malucos", o meu amor e admiração.

Minha gratidão também vai ao **Leonardo Abdala**, que, a partir de nossa amizade construída na **Unitech**, me convidou para integrar a **Una**, um passo fundamental na minha trajetória. Sua confiança e parceria transformaram-se em uma amizade que considero de irmão.

Sou profundamente grato ao Ricardo Moura, que me contratou em minha primeira passagem pela Ânima Educação, e ao Antônio Camanho, que reconheceu meu potencial e me recomendou, enquanto consultor, à posição de gerente de tecnologia em 2009, marcando um dos momentos mais importantes da minha trajetória profissional.

A Unitech e o alicerce da carreira

Minha passagem pela **Unitech** foi a primeira grande **escola** da minha carreira, onde tive o privilégio de construir **amizades** que carrego até hoje. Aos meus amigos do grupo **"Ex-Unitech"** – **Alessandro Milagres**, **Leandro Angelo**, **Bruno Augusto**, **Ari Vilela**, **Robson Gomides**, **Thiago Lopes**, **Bruno Cotta**, **Leonardo Fonseca**, **Luis Cantoni**, **Rauber Simões**, **Leonardo Chaves**, **Janaina Primon**, **Marília Perdigão**, **Bruno Cesar**, **Felipe França**, querido

"Ratão", meu companheiro de **PUC São Gabriel** e **amigo-irmão**, e tantos outros - meu mais sincero **agradecimento** pelos **aprendizados** e momentos **compartilhados**.

Sou grato ao Walney Martins e ao Marcos Azevedo, líderes na Unitech que me deram uma oportunidade crucial no início, quando eu ainda sonhava com um "salário de quatro dígitos".

A Ânima Educação e a transformação profissional

Minha trajetória na Ânima Educação, ao longo de duas passagens que somam 16 anos - sendo a segunda ainda em andamento -, moldou não apenas minha forma de trabalhar, mas também minha visão sobre o impacto da educação na sociedade. Agradeço a todo o ecossistema Ânima através dos sócios-fundadores **Daniel Castanho**, **Marcelo Bueno** e **Maurício Escobar**, e ao Átila Simões, minha primeira liderança na Ânima, além de tantos amigos, líderes e pessoas que me deram oportunidades. Um agradecimento especial ao **Reynaldo Gama**, cuja generosidade foi essencial para viabilizar este livro. À **Paula Harraca**, CEO da Ânima nessa terceira onda de crescimento, por sua visão inspiradora, à **Kika**, que foi fundamental para meu reingresso na Ânima, e ao **Ricardo Cançado**, minha eterna gratidão.

Hoje, sigo liderando pessoas brilhantes que tornam a Ânima uma constante fonte de aprendizado e transformação. A empresa literalmente mudou o meu mundo de tamanho, e sou grato aos colegas do **Comex**, da **Vice-presidência de Tecnologia e *Mindset* Digital** e a todos que contribuem diariamente para nossas conquistas.

A Amil e o salto para novos horizontes

Na Amil, expandi minha atuação para o setor de saúde, mergulhando em um universo novo e desafiador. Sou grato ao **Edvaldo Vieira**, pela liderança inspiradora e pelo mantra de que "tudo se resume à execução". Às parceiras **Mari Vendemiatti**, **Lú Gorga**, **Jú Bagagli**, **Camilla Kümmel** e **Gabi Maciel**, pela generosidade e pelo companheirismo, meu sincero reconhecimento. Aos colegas de Operações e Tecnologia, minha gratidão pelos aprendizados e pelas conquistas compartilhadas.

A Funcional Health Tech e o espírito empreendedor

Na Funcional Health Tech, vivi o desafio de empreender dentro de uma organização como CTO, experiência que sigo valorizando como sócio, ainda que tenha deixado o conselho no início de 2025. Agradeço ao **Fábio Hansen**, cuja visão e energia me inspiram, e à **Bruna Mostacatto**, pela parceria constante. Aprendi muito com o **Bruno Della Monica**, parceiro no Funcional Ventures, e com o **Ricardo Ramos**, **Andrea Uchoa**, **Thiago Lopes**, **Lucas Menezes** e **Rudy Tedeschi**, cujas contribuições no conselho foram inestimáveis. À liderança da **Cris Giordano**, minha admiração, e à incrível equipe que tive o privilégio de liderar, minha eterna gratidão por seu talento e dedicação, que foram essenciais para construirmos soluções inovadoras e deixarmos um legado significativo.

As consultorias, o *podcast* e a Tríade Digital

Por meio da **Tríade Digital**, das consultorias e do *podcast*, tive o privilégio de conhecer parceiros que marcaram minha trajetória. Agradeço ao **Flávio Janones**, meu colega na Ânima, ao **Luciano Lopes**, da Uniube, e à equipe do Grupo Integrado: **Jeferson Vinhas Ferreira, Carla Oliveira e Bruno Henrique Pachulski Camara**. Aos colegas da XP Educação, **Carolina Goyatá e Thiago Gonçalves**, minha gratidão pela confiança. Reconheço as oportunidades da **Luciana Lavôr**, da Hoper, e do **Diego Travez**, da DMT Palestras. E uma menção especial ao **Fábio Cespi**, do Lyceum, pelas trocas inspiradoras sobre educação e tecnologia, que ampliaram minha visão sobre inovação no setor.

Um reconhecimento especial

Aos que não foram citados nominalmente, mas que contribuíram direta ou indiretamente para minha jornada, deixo meu sincero agradecimento. Cada interação ajudou a moldar o profissional que sou. Este livro é um tributo às muitas mãos que colaboraram para construí-lo.

A todos vocês, meu muito obrigado!

SUMÁRIO

INTRODUÇÃO

CAPÍTULO 01

CAPÍTULO 02

CAPÍTULO 06

CAPÍTULO 07

CAPÍTULO 08

CAPÍTULO 09

INTRODUÇÃO

Conectando o futuro: estratégias de IA e transformação digital para líderes

Transformação digital e inteligência artificial estão redefinindo profundamente a maneira como as organizações operam, inovam e geram valor. No entanto, isso vai muito além da adoção de novas tecnologias. **Transformação digital não é apenas uma mudança de ferramentas; é uma mudança de mentalidade, de cultura e de estratégia.** Ela exige novas formas de pensar, liderar e executar, tornando-se um processo desafiador, multifacetado e profundamente humano.

Este livro foi concebido para apoiar líderes que estão à frente dessas iniciativas, oferecendo ***insights* práticos, ferramentas eficazes e aprendizados reais**. Não se trata apenas de compreender conceitos teóricos, mas de aplicá-los no dia a dia das organizações, conciliando inovação tecnológica com estratégia de negócios e desenvolvimento humano.

A proposta de **Conectando o Futuro: *estratégias de* IA *e transformação digital para líderes*** é clara: **compartilhar o que aprendi ao longo da minha trajetória, desde a concepção de estratégias até a execução e mensuração de resultados.** Baseado em experiências reais nos setores de **educação, saúde e varejo farmacêutico**, este livro traduz desafios e oportunidades em um roteiro estruturado para a transformação digital e a adoção de IA.

Mais do que um guia técnico, esta obra é um convite à reflexão e à ação. Escrito para líderes e executivos que precisam tomar decisões estratégicas em um cenário de rápidas mudanças, o livro explora **modelos, *frameworks* e *cases* práticos** que ajudam a estruturar iniciativas de transformação digital.

O diferencial deste livro está em sua abordagem centrada nas pessoas. Embora a tecnologia seja um fator-chave, a verdadeira transformação começa **na cultura, na estratégia e na liderança.** Ao longo dos capítulos, abordo desde **o diagnóstico de maturidade digital e os desafios culturais**, até **a estruturação de programas, adoção de inteligência artificial e as tendências futuras que moldarão as organizações.**

Conectando o Futuro não é apenas um livro sobre transformação digital e inteligência artificial - é um convite para liderar essa transformação com clareza, impacto e propósito. Seja você um executivo, gestor ou empreendedor, este livro foi escrito para ajudá-lo a **enxergar além da tecnologia, repensar modelos de negócio e construir um caminho para a inovação sustentável.**

Que este livro ajude você a conectar presente e futuro e a liderar essa transformação com inteligência e humanidade.

A lógica da mudança: desconforto, visão e processo

O conceito fundamental por trás de toda transformação significativa foi inicialmente formulado por **David Gleicher** nos anos 1960 e, em 1977, publicado por **Richard Beckhard** em seu livro *Organizational Transitions* (BECKHARD; HARRIS, 1977). A fórmula foi posteriormente ampliada por **Dannemiller** e **Steve Cady**, que adaptaram a equação para enfatizar o impacto combinado de três elementos essenciais: **Desconforto, Visão e Processo**. A versão de Cady, amplamente reconhecida, é expressa como:

$$T = D \times V \times P > R$$

onde a **Resistência (R)** precisa ser superada para que a mudança ocorra.

Foi durante as sessões de mentoria reversa com o Sérgio Gomes, fundador da *edtech* Headhunters Academy, que fui apresentado a essa poderosa equação e refleti profundamente sobre sua aplicabilidade. Seus *insights* ajudaram a consolidar minha própria visão sobre transformação.

- **Desconforto (D):** representa a insatisfação com o *statu quo*, o incômodo que motiva a ação. Seja uma crise ou a identificação de uma oportunidade perdida, o desconforto cria a urgência para mudar.

- **Visão (V):** sem uma visão clara do que se deseja alcançar, os esforços para transformação se tornam vagos e dispersos. Uma visão inspiradora dá sentido ao movimento e engaja as pessoas no processo.
- **Processo (P):** as ideias mais brilhantes carecem de eficácia sem uma execução estruturada. O processo é a base que transforma intenção em realidade, garantindo que as ações estejam alinhadas com os objetivos.

O componente final é a **resistência (R)**, um fenômeno natural em qualquer transformação. A fórmula destaca que a combinação de desconforto, visão e processo precisa ser suficientemente forte para superar as barreiras culturais, emocionais e organizacionais que resistem ao progresso.

Ao longo da minha trajetória profissional, percebi o quanto essa equação é universal, aplicável a grandes transformações digitais e até mesmo a mudanças culturais nas organizações. Sua relevância está presente nos capítulos deste livro, estruturando a narrativa sobre como a transformação digital e a inteligência artificial podem impactar empresas e pessoas.

Mais do que uma fórmula, este é um modelo que conecta os elementos racionais e emocionais da mudança, transformando complexidade em clareza.

O que você vai encontrar no livro

Este livro foi concebido **de quem transforma para quem transforma**, diretamente da realidade implacável das empresas brasileiras. Ele reflete os desafios concretos de um mercado dinâmico, onde líderes precisam equilibrar a **luta constante entre o curto e o longo prazo, entre os ganhos imediatos e a construção do futuro.** Daí vem a necessidade de construir essa **conexão com o futuro**, tornando a transformação digital e a inteligência artificial instrumentos estratégicos de impacto real.

No entanto, não me proponho a fazer uma revisão bibliográfica sobre inteligência artificial. Há professores mais qualificados para essa finalidade, como Silvio Meira e Miguel Nicolelis, referências nesse campo. Tampouco espero capturar todas as tendências ou mapear as *startups* pioneiras que surgem diariamente ao redor do mundo. Este livro não pretende ser um catálogo exaustivo, e sim um guia prático para quem está liderando transformações dentro das empresas e precisa traduzir tecnologia em valor de negócios.

A estrutura do livro foi pensada para ser objetiva e aplicável. Ele está organizado em **13 capítulos**.

Inicialmente, **compartilho minha jornada pessoal** e como ela moldou a visão que apresento aqui. Em seguida, abordo os **fundamentos da transformação digital e da inteligência artificial**, guiando o leitor por etapas essenciais, como **diagnóstico de capacidades digitais, fatores habilitadores e superação de desafios culturais.**

Os capítulos centrais exploram temas como:

- **Definição da estratégia digital e de IA**
- **Estruturação de programas de transformação**
- **Composição de portfólios de iniciativas**
- **Elaboração de *business cases***
- **Execução prática com criação de *roadmaps***
- **Adoção de indicadores de mensuração de resultados**

No penúltimo capítulo, trago uma **visão das tendências futuras**, abordando temas como **inteligência artificial generativa, sustentabilidade e os novos modelos de trabalho.** O objetivo não é prever o futuro, mas oferecer ***insights* sobre como os líderes podem se preparar para enfrentar a incerteza com resiliência e adaptabilidade.**

Por fim, o livro se encerra com **uma reflexão sobre os aprendizados mais valiosos** que extraí dessa jornada, reforçando que **nenhuma transformação organizacional se sustenta sem a transformação das pessoas.** Afinal, tecnologia e estratégia são apenas ferramentas – **são as pessoas que fazem a diferença.**

Por que este livro é relevante

Este livro não é apenas sobre tecnologia ou negócios; é sobre liderança transformadora em um mundo impulsionado pela inteligência artificial e pela digitalização. Ele foi escrito para **executivos que precisam definir direções estratégicas**, mas também para **lideranças intermediárias**, aquelas que estão na linha de frente da implementação da transformação digital, encarregadas de **traduzir a visão e a estratégia em ações concretas que gerem valor para as organizações e para a sociedade.**

O sucesso na transformação digital exige muito mais do que a adoção de novas ferramentas ou sistemas - **ele depende de clareza estratégica, habilidades humanas, gestão de mudanças eficaz e, acima de tudo, empatia pelas pessoas impactadas.** A verdadeira mudança acontece quando **tecnologia, cultura e liderança** caminham juntas, criando um ambiente onde inovação não é apenas um conceito, mas uma prática cotidiana.

Os exemplos práticos apresentados ao longo do livro - extraídos de setores como **educação superior privada, saúde suplementar e varejo farmacêutico** - ilustram **como a transformação digital pode ser aplicada a diferentes contextos organizacionais.** Desde a formulação de estratégias digitais até a execução de iniciativas concretas, os conceitos discutidos aqui têm como objetivo **capacitar líderes a enfrentar desafios reais e gerar impactos tangíveis.**

Como escreveu Guimarães Rosa em *Grande Sertão: Veredas*, **"Quem elegeu a busca não pode recusar a travessia."** Este livro é a minha contribuição para aqueles que escolheram a **busca pela transformação.** Que ele sirva como um guia para **enfrentar desafios, superar barreiras e criar impactos duradouros.** Que inspire você a **transformar organizações, potencializar talentos e, acima de tudo, evoluir como líder em um mundo cada vez mais digital.**

Reconhecendo o trabalho em equipe

Ao longo deste livro, compartilho aprendizados e resultados alcançados durante minha trajetória profissional. No entanto, se há algo que reforço diversas vezes nas próximas páginas é que **devemos nos orgulhar não apenas das conquistas, mas da forma como as alcançamos**. E essa forma está diretamente ligada ao **trabalho em equipe, à construção de alianças internas e à colaboração com parceiros de negócios.**

Nenhuma transformação acontece de maneira isolada. **Cada avanço que relato aqui foi possível graças ao esforço coletivo de equipes talentosas e comprometidas**, formadas por inúmeras pessoas que contribuíram de forma inestimável para tornar ideias em realidade. Sem o empenho, a dedicação e a colaboração dessas pessoas, **nenhum dos resultados apresentados seria possível.**

Ao longo da minha jornada – e ainda hoje, em cada projeto e desafio –, sigo convivendo e aprendendo com profissionais brilhantes, cujo trabalho tem um impacto profundo e contínuo. **Este livro é, portanto, uma homenagem ao poder da colaboração e ao impacto transformador que nasce quando conectamos propósito, talento e esforço conjunto.**

Sou conhecido por minha **energia, pulso firme para começar e concluir iniciativas, por ter conversas francas e por desafiar o time a alcançar o próximo nível – sempre com as pessoas e não apenas através delas.** Liderança, para mim, não é um caminho solitário, mas um processo de aprendizado contínuo, algo que sigo aprimorando a cada nova experiência.

Sempre procurei trabalhar com pessoas melhores do que eu. Ter gente boa por perto me traz segurança e eleva o nível das entregas e das discussões. **Dar espaço para que essas pessoas se destaquem, oferecer oportunidades e ceder o palco quando necessário são formas genuínas de reconhecer talentos.** Acredito que um líder não se mede apenas pelo que conquista, mas pelo crescimento das pessoas ao seu redor – e esse é um princípio que levo comigo em cada etapa da minha história profissional.

Transparência sobre os relatos

As experiências apresentadas neste livro são baseadas exclusivamente na visão pessoal do autor. Embora mencione empresas com as quais teve contato ao longo de sua trajetória profissional, o conteúdo aqui exposto não reflete, em nenhuma circunstância, a posição oficial de qualquer organização citada. Não há vínculo ou responsabilidade das empresas mencionadas em relação ao material, que foi desenvolvido com respeito aos limites éticos e legais, sem qualquer divulgação de informações confidenciais. ■

“Liderança não é um
caminho solitário, mas
um processo de
aprendizado contínuo.”

CAPÍTULO 01

O INÍCIO DA JORNADA DE QUEM TRANSFORMA PARA QUEM TRANSFORMA

Raízes e formação

Sou Bruno Machado, filho do Doutor Aluízio e da Maria de Fátima, profissionais da saúde que dedicaram suas carreiras ao setor público e sempre acreditaram que a educação seria a maior riqueza que poderiam deixar para seus filhos. Sou também irmão da Marcela e do Guilherme, pai da Maria Fernanda e do Guilherme, e marido da Priscilla Okubo, minha companheira e fonte de apoio em todas as etapas da minha vida.

Meu pai, minha grande inspiração, nasceu em São Francisco Xavier, distrito de Oliveira, em uma família simples, com nove irmãos. Ele foi funcionário do Bemge, antigo banco estadual em Minas Gerais, e estudou para se tornar médico pela Universidade Federal de Minas Gerais. Ele se tornou clínico geral, com forte atuação no serviço público.

Ele foi o "médico do povo". Iniciou sua carreira em Belo Horizonte, onde eu nasci, e teve passagens por Gonçalves, São Bento do Sapucaí e décadas de atuação em cidades próximas a Belo Horizonte, especialmente Capim Branco e Sete Lagoas.

Pude acompanhar bastante a rotina do meu pai durante os finais de semana que passávamos em Capim Branco. Ele estava sempre disposto a visitar as pessoas em suas casas, atendê-las com afeto, conversar, tomar um café e participar da comunidade.

Muito da minha forma de se relacionar com as pessoas vem dessa origem de filho de um médico do interior, que estava sempre na casa das pessoas, visitando, atendendo com atenção e máximo respeito, sem julgamentos ou preconceitos.

Além de médico de família e plantonista de urgência e emergência, foi também diretor do hospital municipal de Sete Lagoas, vereador e prefeito de Capim Branco, cidade de origem da minha filha Maria Fernanda, nascida em 2001, quando eu tinha 19 anos.

Ele viveu em Sete Lagoas até 2024, quando infelizmente nos deixou em decorrência de um AVC, após ter ficado hospitalizado por quase cinco meses, período que eu e os meus irmãos pudemos ficar ainda mais próximos e nos despedir. O Doutor Aluízio faz muita falta!

Minha mãe, Maria de Fátima, nascida em Belo Horizonte, também se formou pela Universidade Federal de Minas Gerais, foi dentista da prefeitura de Belo Horizonte e atuou em escolas públicas da região metropolitana. Ela atuou na profissão por aproximadamente 15 anos e hoje está aposentada, por conta dos problemas de saúde que a acompanham há mais de 25 anos.

Meus pais sempre acreditaram que uma boa educação seria importante para o futuro, sendo essa a maior herança que recebi deles. A partir dessa visão, pude estudar em bons colégios particulares em Belo Horizonte, como os colégios Nossa Senhora das Dores, Santa Maria da Floresta e Promove Savassi, e ingressar na Pontifícia Universidade Católica de Minas Gerais (PUC Minas) no curso de Ciência da Computação com ênfase em Sistemas de Informação no bairro São Gabriel.

Primeiras experiências profissionais e consolidação na carreira

Comecei formalmente a minha jornada em tecnologia antes de ingressar na PUC Minas, a partir de um curso de montagem e manutenção de computadores no SENAI em Belo Horizonte em 1999.

Eu não podia imaginar, mas a educação estaria muito presente na minha vida e me proporcionaria inúmeras oportunidades profissionais.

Este primeiro curso do SENAI teve um papel fundamental, alguns anos depois, para que eu pudesse ter uma renda durante a faculdade e seguir os estudos na área. Sem dúvida alguma, ser capaz de fazer manutenção nos computadores das empresas me abriu as primeiras portas.

Esse foi um período em que muitas empresas ainda estavam adotando computadores (PCs) e criando sua infraestrutura de redes de dados. Era fundamental contar com profissionais capazes de manter os computadores funcionando e a rede interna operacional.

A internet ainda era precária, com *links* de comunicação de baixa velocidade e conectividade através de cabos. *Wi-fi*, internet de banda larga e rede móvel 4G/5G só viriam muito tempo depois.

A realidade durante os primeiros anos da minha faculdade, no início dos anos 2000, era de uma informatização gradual, com ciclos de atualização tecnológica mais longos, em que os computadores ganhavam novas versões do Microsoft Windows, placas de memória, fonte externa de energia ou mesmo novos processadores para então serem de fato substituídos.

Por outro lado, fora do Brasil, a internet começava a ganhar espaço como uma tecnologia de uso geral e capaz de transformar completamente as empresas, os hábitos de consumo e a sociedade como um todo.

Esse crescimento com oportunidades infinitas e otimismo exacerbado foi sucedido pelo estouro da bolha das empresas de tecnologia na bolsa americana. Em boa medida, os negócios idealizados eram promissores, porém muito à frente do que a tecnologia permitia à época e por isso muitos foram à derrocada naquele momento e alguns poucos sobreviventes começaram a se destacar, como a Amazon e o Google.

No Brasil, quem liderava os investimentos em tecnologia era o mercado financeiro, e esse cenário segue válido nos dias de hoje, com a ascensão e consolidação das *fintechs* brasileiras, presentes além de nossas fronteiras, como o Nubank e o Ebanx. Somos um dos países com a tecnologia bancária mais evoluída – a rápida adoção do Pix é um grande exemplo disso.

Além dos bancos, outro setor de forte demanda por tecnologia é o de telecomunicações, acelerado a partir das primeiras operações de privatizações que deram origem, a partir de uma série de movimentos de fusões, aquisições e recuperações judiciais, aos líderes de mercado que temos hoje, em especial Vivo, Claro e Tim.

Nessa época, em meados de 2000-2010, esses dois setores – finanças e telecomunicações – eram os maiores empregadores de profissionais de tecnologia da informação e alimentavam uma enorme cadeia de fornecedores, dentre eles as fábricas de software, denominação usada à época para as empresas especializadas no desenvolvimento de software.

Foi justamente em uma fábrica de software – a Unitech – que eu recebi a minha primeira oportunidade de trabalho.

A Unitech teve origem em Salvador e se destacou bastante na prestação de serviços de tecnologia para os setores financeiro, governamental e de telecomunicações. Anos depois da minha saída a empresa se fundiu com a CPM e mais adiante com a Braxis, tornando-se a CPM/Braxis, que por sua vez foi adquirida pela empresa francesa Capgemini e segue operando no Brasil. Ainda tenho alguns amigos contemporâneos de Unitech por lá.

Na Unitech eu fiz os amigos mais longevos que tenho na carreira e na vida, tendo sido a minha primeira grande escola a forjar boa parte da minha forma de trabalhar. Esse foi um tempo maravilhoso, e trabalhar representava muito pra mim, pois ainda muito jovem já tinha a Maria, minha filha, e cursava faculdade de sistemas de informação na PUC Minas.

Permaneci na Unitech por dois anos e oito meses, porém o aprendizado me guiou por toda a minha carreira. Para seguir aprendendo por lá e tendo contato com as tecnologias que serviam às grandes empresas de *telecom* da época, eu tive que fazer uma escolha difícil: renunciar à iniciativa de criar uma empresa de tecnologia (HBA Tecnologia) durante os primeiros anos da faculdade com outros dois colegas.

Essa decisão – de deixar a HBA Tecnologia – foi muito dura, pois eu desde muito cedo nutria o desejo de ter o meu empreendimento. Porém, a Unitech me proporcionava o contato com tecnologias referência do mercado que contribuíram para a minha empregabilidade futura, enquanto a HBA Tecnologia era mais focada em serviços de suporte de computadores.

Decisão tomada, segui aprendendo na Unitech à medida que a empresa crescia em Belo Horizonte, e foi lá que eu conheci o Leonardo Abdalla, que me indicou para trabalhar em outra empresa que foi determinante para as conquistas que obtive até aqui na minha carreira: o Centro Universitário Una (Una), em Belo Horizonte.

Foi na Una, em 2005, ainda antes da existência formal da Ânima, que eu entrei como técnico de informática. Lá passei por vários papéis técnicos e de liderança ao longo de 14 anos. Tive a oportunidade de vivenciar algumas transformações relevantes no setor de educação superior no Brasil e como isso contribuiu para o crescimento exponencial da empresa, partindo de uma reestruturação com 3.500 alunos para um IPO em 2012 e a consolidação como um dos maiores grupos de ensino superior no país, com mais de 410 mil estudantes em mais de 14 estados.

Na Una, eu fiz a minha primeira viagem profissional, para São Paulo, em 2006, para atuar no projeto de integração da Unimonte, em Santos, a primeira aquisição de uma universidade pelo grupo que havia comprado a Una três anos antes e que viria, alguns anos depois, a se chamar Ânima Educação.

A Ânima Educação é resultado de um grupo de empreendedores liderados por Daniel Castanho, Marcelo Bueno e Maurício Escobar. Juntamente com outros sócios originários da Ânima, iniciaram uma história de transformação do país pela educação e que este ano completa 21 anos, dos quais participei de 14 na minha primeira passagem pela empresa entre 2005 e 2019.

Por ter tido essa passagem longeva, a Ânima tem um papel muito importante na minha formação profissional e sou muito grato por isso. Mais adiante voltarei a falar da Ânima, pois a minha história com ela ainda teria um novo capítulo.

De toda forma, para viver um novo capítulo profissional, aceitei, em março de 2019, a proposta de trabalho da UnitedHealth Group (UHG) para atuar como diretor de transformação digital na Amil, uma das maiores operadoras de planos de saúde do Brasil.

Transformações na saúde e retorno à educação

Com 37 anos, eu precisava de um novo desafio para me livrar em definitivo da síndrome do impostor que à época me tomava. Eu não sabia ao certo se tinha chegado à posição de direção de tecnologia majoritariamente por mérito ou pelo fato de ter crescido com a empresa e por estar no "lugar certo na hora certa".

Nesse sentido, ter mudado de empresa e de setor foi essencial. Eu estava diante de algo novo, com pessoas que eu não conhecia e o desafio de aprender sobre o setor de saúde a partir da perspectiva da Amil, uma das maiores empresas do país e parte do maior grupo de saúde do mundo.

A experiência na Amil foi transformadora. Depois de ter trabalhado boa parte da minha carreira no setor de educação, eu estava diante das transformações e pressões do setor de saúde suplementar. Além do desafio em si de conhecer o setor, havia também a necessidade de falar em inglês com mais regularidade, a atuação em uma cadeira que não existia previamente na empresa e que gerava potenciais conflitos com a área de tecnologia e a pressão pela estabilização financeira da empresa.

Mesmo com essas adversidades comuns em um novo contexto de trabalho, foi possível conhecer pessoas e profissionais maravilhosos, na própria UHG e na rede de parceiros, que me ajudaram nesse processo e com quem consegui gerar bons resultados, como as melhorias no *app* da Amil (reembolso de despesas, busca de rede dental, triagem COVID-19 durante a pandemia e atendimento de urgência em telemedicina).

A dinâmica da saúde suplementar é distinta da educação, apesar de serem dois setores que impactam diretamente a vida das pessoas. A cadeia da saúde é mais ampla, possui diversos atores como a indústria farmacêutica, varejo farmacêutico, inúmeros profissionais de saúde, clínicas e consultórios, hospitais, laboratórios e operadoras de planos de saúde.

A diferença na saúde é que você se relaciona com a pessoa em um momento delicado da vida, em um contexto de doença e de tratamento. Há um grande movimento para que o setor seja cada vez mais um promotor da saúde do que um setor que trata a doença, mas ainda há um longo caminho pela frente. Os diversos atores ainda seguem buscando o alinhamento de incentivos para que a cadeia como um todo seja sustentável e possa oferecer serviços de qualidade para um maior número de pessoas.

Em 2020, ainda antes da pandemia, cheguei a ser reconhecido como o melhor executivo de tecnologia no setor de saúde. Ainda que este seja um prêmio individual, ele refletiu o esforço de inúmeras pessoas, áreas e parceiros.

O prêmio mostrou o valor de medir os resultados das iniciativas digitais. Quando a equipe demonstra ganhos, o impacto é amplificado pela comunicação, essencial para o sucesso da transformação digital.

Com a pandemia, a partir de março de 2020, o trabalho passou a ser remoto e as transformações em saúde se aceleraram. Isso também ocorreu em diversos setores, mas em saúde, a partir da autorização da telemedicina, a digitalização se acelerou bastante.

Nesse período, concomitantemente ao trabalho na Amil, criei a Tríade Digital, um perfil de conteúdo sobre transformação digital. Realizei dezenas de *lives*, entrevistei pessoas para o *podcast* e escrevi artigos no *blog*. O período mais em casa me propiciou essa atividade, como uma espécie de terapia.

Essa rotina de escrever artigos para o *blog* da Tríade Digital foi fundamental para o desafio de fazer o mestrado profissional em administração pela FIA, pois desde o primeiro dia comecei a escrever a minha dissertação.

Ainda que a conjuntura da pandemia tenha sido extremamente delicada e sofrida, os profissionais de gestão de saúde e de tecnologia estavam diante de uma busca crescente por empresas querendo acelerar sua digitalização.

Mesmo em 2019, ano da minha entrada na Amil, comecei a receber as primeiras sondagens. Cheguei inclusive a aceitar uma delas e depois retroceder da decisão, algo que considero uma das coisas mais difíceis na minha carreira, mas que se mostrou extremamente positiva, afinal eu pude viver mais desafios na Amil, onde passei a integrar formalmente o time de tecnologia na UHG e não mais a área de Operações da Amil.

No entanto, ao final de 2020 eu decidi aceitar um desafio que seria ainda mais transformador: ser CTO (*Chief Technology Officer*) na Funcional Health Tech. Eu não conhecia a Funcional e confesso que estranhei quando o *headhunter* entrou em contato para falar de uma oportunidade em uma *health tech*, pois imaginei que fosse uma *startup* e, como tal, ainda sem recursos financeiros para dispor do trabalho de um *headhunter*.

Eu não poderia estar mais enganado! O processo de seleção com a Funcional foi muito colegiado, fiz entrevistas com os sócios, com as principais lideranças e a conversa definitiva foi com o fundador da empresa, o Fábio Hansen.

Essa conversa com o Fábio foi amor à primeira vista! Ele é um sujeito especial, com uma energia incrível e uma forma de trabalho com a qual me identifiquei bastante. Em "empresas de dono", essa conexão é fundamental para que as coisas fluam bem.

A transição para a Funcional foi extremamente positiva. Embora a Amil fosse uma empresa renomada, enfrentava um grande processo de reestruturação na época, o que me levou a buscar novos desafios. Para explicar essa decisão ousada – trocar uma grande corporação por uma empresa menor e de nicho, especialmente em meio à pandemia - usei a frase: "prefiro ser cabeça de sardinha do que rabo de baleia".

Essa escolha refletia meu desejo por maior autonomia e por um ambiente que me permitisse protagonizar transformações. E, de fato, o processo na Funcional foi transformador. Além de atuar como CTO, sigo contribuindo para a empresa no conselho consultivo e me tornei acionista, consolidando uma relação que continua a gerar aprendizado e impacto (algo que abordarei mais adiante).

A Funcional, uma *health tech* inovadora, atua conectando a indústria farmacêutica, os distribuidores e o varejo, viabilizando políticas comerciais com destaque para os programas de desconto de medicamentos (Programa de Benefício em Medicamentos - PBMs) em farmácias de todo o Brasil.

Nesse contexto, vivi uma transformação significativa em minha carreira: pela primeira vez, deixei de ser um líder de tecnologia que "compra tecnologia" para assumir o papel de quem "vende tecnologia". Essa mudança trouxe uma perspectiva totalmente nova para minha forma de liderar, já que vender tecnologia, com seus desafios e nuances, se mostrou muito mais complexo do que comprar.

Na Funcional, participei de momentos comerciais marcantes, incluindo a conquista de novos clientes e a perda de um cliente estratégico, experiências que enriqueceram minha visão sobre negócios. Apesar das iniciativas empreendedoras que já havia explorado anteriormente, considero meu período na Funcional o mais próximo que estive do verdadeiro espírito de empreender em tecnologia.

Convivi com empreendedores que venderam suas empresas e se tornaram sócios da Funcional, pessoas que eu admiro profundamente pela resiliência, competência e determinação em criar e fazer prosperar negócios partindo do zero.

Paralelamente ao trabalho na Funcional como CTO, tive a oportunidade de coordenar, como prestador de serviços via Tríade Digital, o MBA da XP Educação, que até então despontava como uma iniciativa promissora de uma empresa se tornando também uma escola.

Além disso, pude também realizar algumas consultorias, também via Tríade Digital, para implantação e acompanhamento de programas de transformação digital. Conheci e me reconectei com pessoas pelas quais sou muito grato.

O movimento de deixar uma grande empresa para uma empresa menor tinha também um racional de longo prazo. A Funcional, assim como algumas empresas de tecnologia no Brasil durante a pandemia, ambicionava receber investimentos de um sócio estratégico para então, em um movimento seguinte, abrir capital na bolsa. Esse era o "Projeto Galen" – depois de dez anos do IPO da Ânima, eu estava novamente diante dessa possibilidade.

Com esse plano em mente eu teria então a minha segunda oportunidade profissional de estar em uma empresa de capital aberto. A diferença no caso da Funcional é que eu estaria em uma posição de liderança executiva, atuando de forma mais ativa e com protagonismo no processo.

Além da minha chegada como CTO, a empresa trouxe outros executivos para posições-chave como parte da estratégia de reforçar a camada executiva e a governança, culminando também com a chegada de uma nova CEO para suceder o fundador na liderança da empresa.

Eu aprendi muito com todo esse processo e também com o dinamismo do mercado de ações. A janela para abertura de capital no Brasil se fechou com o agravamento do cenário macroeconômico e o rápido aumento da taxa de juros a partir de meados de 2020. Esse movimento tornou o ambiente menos favorável para novas ofertas públicas, refletindo um ciclo econômico mais restritivo.

A realidade é que o "Projeto Galen" foi adiando e vários fatores internos e externos me levaram a uma nova – e ao mesmo tempo familiar – transição: o retorno à Ânima como vice-presidente de transformação digital. Esse retorno ocorreu em um momento de grande desafio para o setor educacional, marcado por altos níveis de alavancagem financeira em consequência das intensas fusões e aquisições realizadas nos anos anteriores.

O retorno para a Ânima sempre esteve em minha mente como uma possibilidade, mesmo tendo "virado a chave" durante o período em que estive fora. Nesse intervalo, mergulhei profundamente no setor da saúde, acumulando experiências transformadoras na Amil, nas consultorias pela Tríade Digital e na Funcional Health Tech.

Minha volta aconteceu a partir de conversas com Ricardo Cançado, sócio da Ânima, cuja visão sempre admirei e com quem tenho uma forte afinidade. O contexto era de reestruturação, e o convite envolvia integrar um novo time em formação, marcado por mudanças estratégicas, incluindo a saída de Ricardo para a chegada de uma nova liderança como CEO da companhia.

Aceitei o desafio motivado pelas interações com Kika, então VP de RH, e pelas conversas inspiradoras com Daniel Castanho, Marcelo Bueno e outras lideranças essenciais, como Rogério Loureiro, Daniel Braga e Rodrigo Rossetto. A acolhida calorosa de todos reforçou minha decisão, e a transição com Patrícia, que havia me sucedido em minha primeira passagem pela Ânima, foi conduzida de forma exemplar, com muita cordialidade e aprendizado mútuo.

Encontrei uma Ânima renovada, repleta de novos desafios e composta por um time extraordinário. Diante de um cenário desafiador para o setor educacional, o trabalho exigiu - e continuará exigindo - decisões difíceis que equilibrassem demandas de curto prazo com a construção do futuro, uma abordagem amplamente incentivada por Paula Harraca, nossa atual CEO, que lidera com visão e determinação.

Novos horizontes e conexões transformadoras

Olhando para minha trajetória, sou profundamente grato pelas oportunidades que recebi e pelas relações que construí ao longo da carreira. Sempre mantive uma visão de longo prazo, o que, talvez, tenha me levado à surpresa de ser convidado pelo Fábio para integrar o conselho consultivo da Funcional e, mais tarde, me tornar sócio nos termos originalmente previstos pelo "Projeto Galen".

Essa combinação de papéis - como executivo no setor educacional e conselheiro na área de saúde - me permite oferecer contribuições únicas às empresas com as quais atuo. A possibilidade de integrar perspectivas distintas amplia minha capacidade de aprendizado e acelera meu desenvolvimento, potencializado pela riqueza das interações que vivencio.

Ao refletir sobre o meu momento atual, vejo como cada etapa foi essencial para minha formação, desde as raízes humildes em Minas Gerais até as posições de liderança em grandes organizações. Reforça-se, assim, minha crença de que educação, tecnologia e empatia são pilares fundamentais para transformar realidades. É com essa visão que escrevo este livro, compartilhando aprendizados e buscando inspirar líderes a trilhar suas próprias jornadas de transformação com coragem e propósito, enquanto continuo ansioso pelos capítulos que ainda estão por vir. ■

“Educação, tecnologia e empatia são pilares fundamentais para transformar realidades.”

CAPÍTULO 02

INTRODUÇÃO À TRANSFORMAÇÃO DIGITAL E À INTELIGÊNCIA ARTIFICIAL

Quando o termo "transformação digital" começou a ganhar força no início da década de 2010, confesso que minha reação inicial foi de ceticismo. Para um profissional de Sistemas de Informação com experiência em redes de computadores, parecia mais um jargão de mercado, destacando os aspectos mais visíveis da tecnologia enquanto negligenciava o trabalho fundamental que sustenta as inovações. Além disso, o conceito parecia ser uma apropriação, por vezes indevida, da gestão de tecnologia por pessoas sem formação ou vivência no tema. Eu me perguntava: o que realmente havia por trás desse termo?

Com o passar do tempo, percebi que precisava entender mais profundamente o conceito. Fui buscar embasamento teórico e prático no tema, culminando na decisão de realizar um mestrado profissional em administração. O objetivo era claro: construir um lastro acadêmico que me tornasse mais confiante e independente das abordagens enviesadas apresentadas pelas grandes consultorias de tecnologia. Embora essas empresas desempenhem um papel essencial, frequentemente tratam suas metodologias como caminhos únicos para o sucesso, ignorando as particularidades de cada organização e suas culturas.

Foi nesse processo que conheci a definição de transformação digital proposta pela **Capgemini e pelo MIT**: "o uso de tecnologia para melhorar radicalmente o desempenho dos negócios, gerando ganhos de eficiência, melhoria na experiência do cliente e novas fontes de receita" (FITZGERALD *et al.*, 2013). Esse conceito começou a ganhar corpo em uma época marcada por transformações significativas, impulsionadas por **redes sociais e *smartphones***, que redefiniam a relação entre empresas e consumidores.

Mais de uma década depois, a **essência da transformação digital permanece a mesma**, mas o contexto evoluiu. Segundo a definição apresentada no livro *Rewired* (LAMARRE; SMAJE; ZEMMEL, 2023), a transformação digital e de IA deve ser entendida como um **processo contínuo de desenvolvimento de capacidades organizacionais e tecnológicas**, liderado pelo CEO e pela alta gestão, que permita à empresa

melhorar continuamente a experiência do cliente, reduzir custos operacionais e sustentar uma vantagem competitiva ao longo do tempo.

Ainda há muito por fazer. A transformação digital nunca foi apenas sobre tecnologia, mas sobre **redefinir modelos operacionais, culturais e estratégicos**. Agora, a **IA generativa aparece como um novo divisor de águas**, **acelerando as transformações** e ampliando seu escopo. Ela não apenas otimiza processos existentes, mas viabiliza **novas formas de criar valor e estruturar negócios**, tornando-se um pilar central para empresas que buscam **reconfigurar sua lógica de funcionamento para o futuro**.

Avanços como a IA generativa não são meramente **tecnológicos**, mas **estratégicos**. Eles redefinem a transformação digital em larga escala, permitindo criar valor sustentável e entregar experiências inovadoras a clientes e usuários. Esse novo cenário exige uma abordagem mais madura e estruturada, onde a **combinação** entre **capacidades organizacionais e tecnologia de ponta** seja a chave para a vantagem competitiva a longo prazo.

À medida que avançamos, a IA generativa está deixando de ser uma simples novidade para se tornar uma necessidade estratégica para os negócios. Conforme destacado no relatório *Generative AI: The Tipping Point is Now*, da AWS (2025), essa tecnologia está ultrapassando a fase de curiosidade e experimentação, sendo incorporada em processos essenciais. Empresas líderes já estão utilizando IA generativa não apenas para automatizar tarefas operacionais, mas também para reinventar produtos, serviços e até seus modelos de negócios.

Essa transição exige que os líderes pensem em IA como uma peça fundamental para a inovação contínua, e não como mera ferramenta de suporte. Soluções de IA generativa permitem, por exemplo, **personalizar produtos e serviços em escala**, acelerar ciclos de prototipagem e desenvolver estratégias mais ágeis e centradas no cliente. Empresas que integram essa tecnologia de forma estratégica ganham uma vantagem competitiva significativa, enquanto aquelas que demoram a adotá-la correm o risco de ficar para trás em um mercado cada vez mais dinâmico.

Para entender como essas mudanças afetam as empresas estabelecidas e como elas podem responder de maneira eficaz, precisamos explorar o contexto em que a transformação digital surgiu e como ela evoluiu ao longo do tempo.

Startups: primeira onda da transformação digital

A transformação digital, como a conhecemos hoje, não começou repentinamente. Ela é o resultado de **décadas de avanços tecnológicos e mudanças no comportamento do mercado**, impulsionados por uma série de marcos que redefiniram a forma como empresas criam, entregam e capturam valor. Desde a **popularização da internet comercial nos anos 1990**, passando pelo **estouro da bolha das primeiras *startups* em 2000**, até a consolidação de gigantes digitais como **Google, Amazon e Facebook**, a jornada do digital tem sido marcada por ciclos de inovação e disrupção.

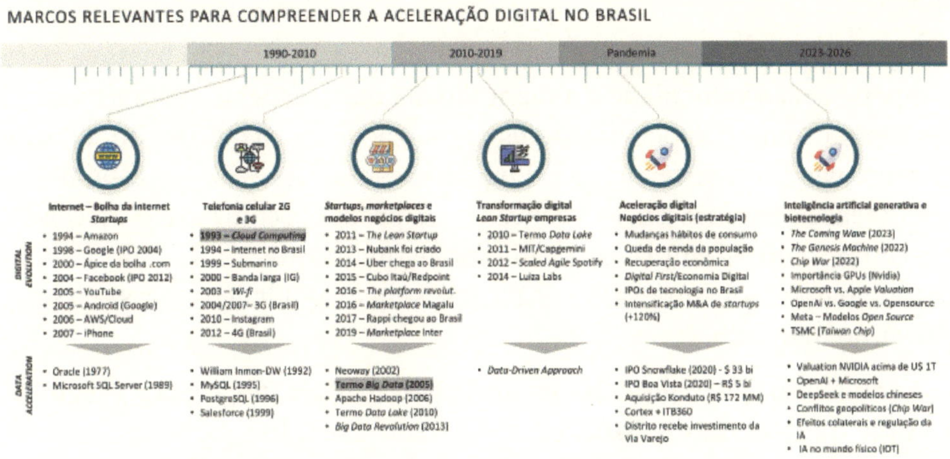

Figura 1. Marcos relevantes para compreender a aceleração digital no Brasil. Fonte: o autor.

Um dos momentos mais decisivos desse processo foi a ascensão das *startups* como grandes impulsionadoras da transformação digital. Essas empresas **reinventaram modelos de negócios inteiros e redefiniram as expectativas dos consumidores**. Grandes indústrias antes dominadas por *players* estabelecidos passaram a ser desafiadas por soluções inovadoras e escaláveis. O **Airbnb revolucionou o setor de hospitalidade sem possuir um único imóvel, o Uber redesenhou a mobilidade urbana sem frota própria, e as *fintechs* passaram a oferecer serviços financeiros com um nível de experiência e agilidade antes impensável no setor bancário**.

Esse movimento expôs um desafio crítico para as **empresas incumbentes**, que precisavam se reinventar para continuar competitivas. Como destaca **Clayton Christensen** em *The Innovator's Dilemma* (2013), organizações estabelecidas tendem a proteger seus modelos de negócio existentes, dificultando a adoção de inovações disruptivas. O receio de canibalizar seus próprios produtos e a rigidez de estruturas internas muitas vezes atrasaram a resposta de grandes empresas ao avanço das *startups*.

Com o crescimento acelerado das *startups* e a consolidação das primeiras ***big techs***, ficou evidente que o digital **não era mais uma vantagem competitiva, mas um fator de sobrevivência**. Essa percepção levou à adoção massiva de metodologias como ***Lean Startup*, de Eric Ries** (2012), e *frameworks* ágeis como **Scrum e *Kanban***, permitindo que empresas tradicionais buscassem maior flexibilidade e adaptação ao novo cenário digital.

No entanto, a mera adoção de novas metodologias **não bastava para competir com a velocidade e a mentalidade das *startups***. Um dos maiores desafios enfrentados pelas grandes organizações foi a cultura de **"cliente interno"** nas áreas de tecnologia. Enquanto as *startups* nasciam **totalmente orientadas ao usuário final**, desenvolvendo produtos com base em *feedback* contínuo, muitas empresas tradicionais mantinham uma abordagem voltada para resolver desafios internos, sem a agilidade necessária para inovar no mercado.

A **transformação digital das incumbentes ganhou força real na segunda metade da década de 2010**, quando ficou claro que apenas otimizar processos internos **não seria suficiente para garantir relevância a longo prazo**. Empresas passaram a investir fortemente na digitalização da experiência do cliente, na reestruturação de seus modelos operacionais e na adoção de novas tecnologias. Esse processo foi **drasticamente acelerado pela pandemia da COVID-19**, que impôs uma necessidade urgente de digitalização em todas as indústrias.

Agora, um novo ciclo de transformação digital está em curso, impulsionado pela **IA generativa** e por avanços em outras áreas como **biotecnologia e computação quântica**. Se a primeira onda da transformação digital foi liderada pelas *startups* e depois absorvida pelas empresas tradicionais, o momento atual representa **uma oportunidade única para organizações repensarem profundamente seus modelos de negócios, aproveitando as novas tecnologias para criar vantagens competitivas sustentáveis**.

Minha visão sobre **transformação digital** também evoluiu nesse período. Compreendi que ela vai **muito além de ferramentas ou sistemas**: trata-se de **como as empresas constroem capacidades digitais, reconfiguram sua cultura organizacional e realinham suas estratégias para enfrentar os desafios do mundo contemporâneo.** É **um trabalho contínuo, impulsionado pela necessidade de conectar tecnologia, modelo de negócios e propósito, garantindo competitividade e relevância em um cenário de mudanças aceleradas.**

Um modelo para explicar a transformação

Foi durante minha pesquisa de mestrado junto à FIA (Fundação Instituto de Administração), sob orientação do professor Luís Guedes, Pós-doutor pela FEA-USP em Inteligência Artificial, que explorei diversos estudos acadêmicos fundamentais para aprofundar minha compreensão sobre a transformação digital. Um dos trabalhos mais relevantes foi o de Resego Morakanyane e colaboradores (MORAKANYANE *et al.*, 2017), que realizou uma revisão sistemática da literatura e propôs um modelo estruturado para definir e medir a transformação digital. Essa pesquisa demonstrou a necessidade de um arcabouço conceitual que contemplasse a transformação digital como um processo contínuo, destacando a importância da mensuração dos resultados para validar a efetividade das iniciativas digitais.

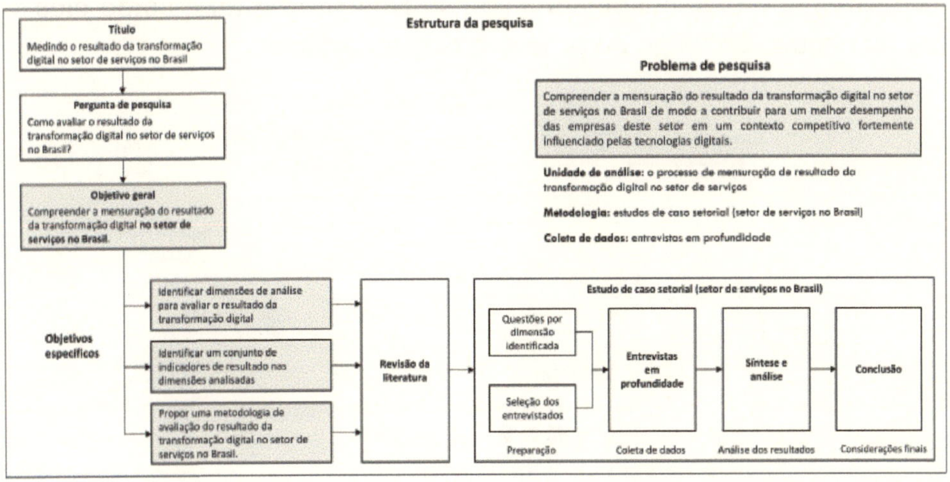

Figura 2. Estrutura da pesquisa do mestrado.
Fonte: o autor.

A estrutura da minha dissertação seguiu a metodologia de estudo de caso setorial, conforme representado na figura anterior. O objetivo foi compreender a mensuração dos resultados da transformação digital no setor de serviços no Brasil, utilizando entrevistas em profundidade como principal técnica de coleta de dados. O estudo partiu da identificação das dimensões-chave para avaliação dos impactos da transformação digital, seguida pela definição de indicadores, desenvolvimento de um arcabouço metodológico e, por fim, análise de casos concretos. Essa abordagem proporcionou uma visão detalhada dos desafios e das melhores práticas para estruturar programas eficazes de mensuração e gestão da transformação digital.

Outro estudo essencial foi o do professor Gregory Vial (2019, p. 3), cuja pesquisa consolidou a compreensão sobre os mecanismos que impulsionam a transformação digital. Vial argumenta que tecnologias como a inteligência artificial atuam como motores de disrupção, alterando o comportamento dos consumidores e forçando organizações a responderem estrategicamente. Em seu modelo, Vial ilustra como o uso de tecnologias digitais desencadeia mudanças nas expectativas dos consumidores e na competição de mercado, levando as empresas a elaborarem respostas estratégicas. Essas mudanças impactam a proposta de valor e as estruturas organizacionais, mas frequentemente encontram barreiras internas que influenciam os resultados finais na sociedade.

A figura a seguir apresenta uma adaptação do modelo de Vial, ilustrando os fatores que desencadeiam a transformação digital e como eles se interconectam ao longo do processo organizacional:

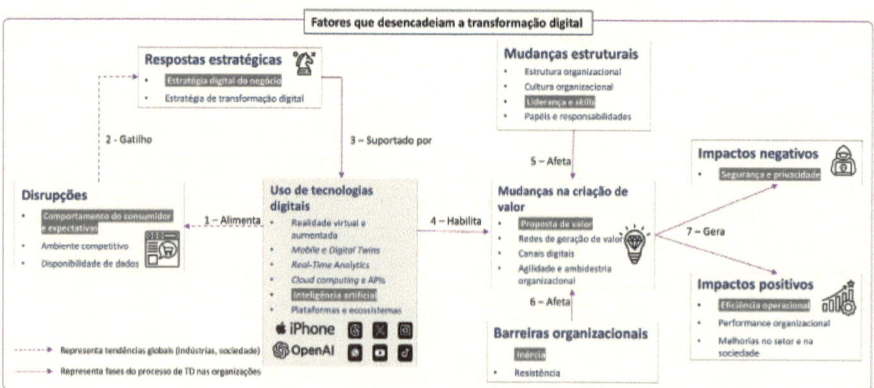

Figura 3. Fatores que desencadeiam a transformação digital.
Fonte: adaptado de Vial (2019).

Essa adaptação evidencia que, mesmo antes da ascensão da IA generativa, a inteligência artificial já figurava como um elemento central da transformação digital. A IA generativa intensificou esse ciclo, pois trouxe novos desafios e oportunidades que reconfiguraram as expectativas dos consumidores e impulsionaram novas reações estratégicas. A lógica do modelo de Vial continua válida, pois a tecnologia segue sendo um gatilho de disrupção, que faz empresas se reorganizarem para capturar valor e mitigar riscos.

Além dessas referências, minha dissertação abordou a interseção entre capacidades tecnológicas, estratégia e mensuração dos impactos da transformação digital. O referencial teórico da pesquisa está sintetizado no esquema a seguir, que conecta os principais conceitos explorados, como eficiência operacional, experiência do cliente e novos modelos de negócios, e baseia-se em autores como Porter, Mintzberg, Teece e Bharadwaj.

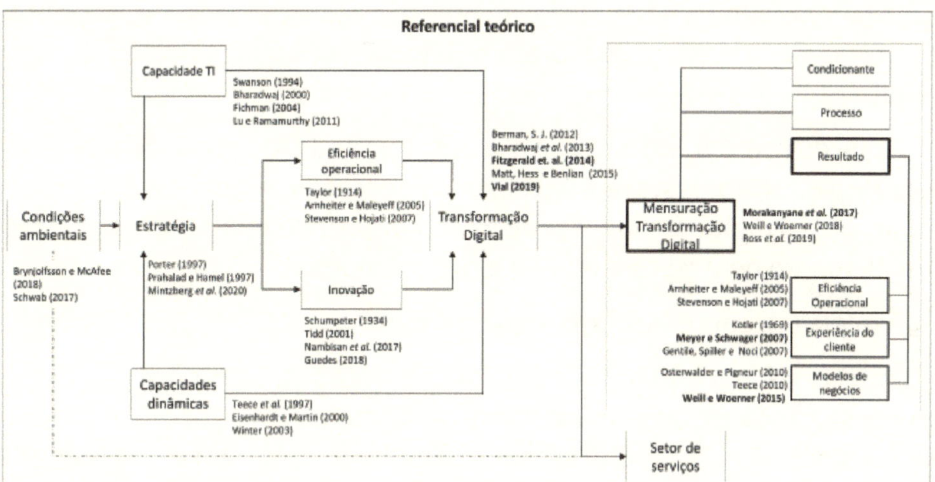

Figura 4. Referencial teórico.
Fonte: o autor.

Entre os achados mais relevantes da pesquisa, destaco que a transformação digital não deve ser tratada apenas como um processo tecnológico, mas como uma mudança estratégica que exige a combinação de fatores organizacionais, culturais e tecnológicos. Além disso, a mensuração de impacto permanece um grande desafio para muitas empresas, especialmente no que se refere à criação de novos modelos de negócios. Nos capítulos seguintes, explorarei em detalhes como estruturar um modelo eficiente de mensuração de resultados, garantindo que as iniciativas digitais sejam sustentáveis e alinhadas aos objetivos estratégicos da organização.

A transformação digital é um processo contínuo, no qual novas ondas tecnológicas surgem periodicamente, redefinindo padrões de mercado e exigindo respostas organizacionais ágeis. O modelo proposto por Vial e os conceitos discutidos na minha dissertação reforçam a importância de encontrar mecanismos robustos de acompanhamento e ajuste estratégico.

Capacidades digitais e tecnologias habilitadoras

O início da transformação digital nas empresas foi marcado por esforços para modernizar sistemas obsoletos, que limitavam a capacidade de competir com *startups* na entrega de uma experiência cada vez mais fluida nos canais digitais. Enquanto estas últimas se apoiavam em tecnologias habilitadoras como computação em nuvem e aplicativos móveis, as grandes empresas ainda lutavam com arranjos tecnológicos antigos e infraestrutura pesada.

Essa diferença evidenciava a necessidade de uma reação mais estratégica. Não bastava digitalizar processos existentes; era preciso incorporar o digital à proposta de valor, garantindo que a tecnologia fosse um elemento central da estratégia organizacional.

Parecia um caminho claro, não é mesmo?

Entretanto, ao longo da última década, surgiram frustrações quanto aos resultados desses investimentos. Estudos de consultorias como McKinsey & Company (2018), BCG (FORTH *et al.*, 2020) e KPMG (2023) indicam que apenas cerca de 30% dos programas de transformação digital atingiram plenamente seus objetivos estratégicos. Em muitos casos, as empresas se limitaram a digitalizar processos, sem transformar de fato seus modelos de negócio ou gerar impacto significativo na receita.

Essa dificuldade reforça a importância de desenvolver capacidades digitais e adotar os fatores habilitadores adequados, temas dos dois próximos capítulos. Por ora, é essencial compreender que a transformação digital não é uma corrida de 100 metros, mas um circuito anual de maratonas, exigindo preparação contínua, foco, disciplina e muita superação.

Já tendo percorrido alguns quilômetros nos últimos anos, vale compartilhar uma visão crítica sobre a transformação digital nessa última década e as expectativas geradas com a nova onda criada a partir da IA generativa antes de avançar.

Uma visão crítica sobre a transformação digital

Mais de uma década após a consolidação do termo "transformação digital", é necessário adotar uma postura crítica em relação ao que foi efetivamente alcançado. Apesar do otimismo inicial e dos investimentos vultuosos em tecnologia, muitas organizações se limitaram a digitalizar processos existentes, deixando de realizar a transformação profunda que a expressão sugere. Esse descompasso entre expectativas e resultados é o que Jeanne W. Ross, Cynthia M. Beath e Ina M. Sebastian, no artigo *Digitized ≠ Digital* (2017), classificam como a diferença entre digitalizar e transformar. Enquanto a digitalização foca em melhorar processos atuais, a verdadeira transformação digital redefine modelos de negócios e cria formas de gerar valor.

A pandemia, sem dúvida, acelerou a adoção de tecnologias digitais em escala, forçando empresas a implementar rapidamente novas ferramentas e plataformas para sobreviver. No entanto, essa mudança muitas vezes priorizou o imediato - como habilitar o trabalho remoto e digitalizar o atendimento ao cliente - em detrimento de esforços estratégicos mais profundos. Em muitos casos, as empresas não foram além de "digitalizar o negócio como ele é", mantendo práticas, processos e mentalidades que limitam seu potencial de inovação.

Esse descompasso gerou uma frustração palpável. Conforme mencionando anteriormente, menos de 30% das iniciativas de transformação digital alcançaram os resultados prometidos. Investimentos milionários foram realizados, mas a expectativa de criar modelos de negócios sustentáveis e disruptivos ainda parece distante para muitas organizações.

A falácia da transformação digital, conceito alinhado à visão de *The Technology Fallacy* (KANE *et al.*, 2019), se torna evidente quando percebemos que ela frequentemente é confundida com modernização de TI. No entanto, a verdadeira transformação exige mudanças profundas em três dimensões fundamentais, que podemos chamar de Tríade Digital:

- **Eficiência operacional:** a maioria das empresas buscou automação e otimização de processos para reduzir custos e aumentar produtividade. Muitas conseguiram avanços expressivos, mas, isoladamente, esses ganhos não sustentam vantagem competitiva no longo prazo.
- **Experiência do cliente:** houve esforços significativos para melhorar a jornada do consumidor por meio de canais digitais mais integrados e personalizados. Isso gerou benefícios diretos, porém, sem mudanças mais profundas no modelo de negócios, os avanços ficaram limitados.
- **Novos modelos de negócio:** poucas empresas conseguiram reinventar sua proposta de valor a partir das tecnologias digitais. As iniciativas que conseguiram romper paradigmas e monetizar a inovação ainda são exceções, e essa tem sido a maior lacuna da transformação digital até o momento.

O Magazine Luiza (Magalu) exemplifica bem essa última dimensão. A empresa buscou ir além da digitalização de processos e da melhoria da experiência do cliente, apostando na criação de um ecossistema digital robusto. Com iniciativas como o Luiza Labs, *marketplaces* expandidos e o MagaluCloud – um movimento análogo ao que a Amazon fez ao lançar a AWS, mas mais de uma década depois –, o Magalu tentou se posicionar como uma "*big tech* brasileira".

Entretanto, essa transição mostrou o quão desafiador é reinventar um modelo de negócios estabelecido. Entre 2020 e 2025, a empresa experimentou uma ascensão meteórica, atingindo um valor de mercado de R$ 177,5 bilhões, seguida por uma forte retração para menos de R$ 6 bilhões. A concorrência com *players* nativamente digitais, como Mercado Livre e Amazon, já representava um grande desafio, mas a entrada agressiva de plataformas chinesas como Shein, AliExpress e Temu intensificou ainda mais a competição. Com modelos operacionais altamente eficientes, subsídios pesados e acesso direto a fabricantes, esses novos entrantes ampliaram a pressão sobre os varejistas tradicionais, tornando a escalabilidade e a rentabilização da transformação digital do Magalu ainda mais complexas.

Não vivenciei o caso do Magalu por dentro, apenas acompanhei pelos documentos de RI da empresa e por reportagens. No entanto, como entusiasta de tecnologia e da transformação digital de verdade, torço para que a empresa tenha êxito em sua empreitada. O MagaluCloud, por exemplo, é uma iniciativa interessante e representa um movimento estratégico que, se bem executado, pode ampliar as avenidas de monetização da empresa, diversificando suas fontes de receita para além do varejo.

A experiência do Magalu ilustra um ponto essencial: muitas organizações avançaram em eficiência e experiência, mas pouquíssimas conseguiram transformar seus modelos de negócio de maneira sustentável. Como provocação, vale lembrar: a verdadeira transformação digital não é um novo software, mas um novo modo de pensar o futuro.

Diante desse cenário, a IA generativa surge como um possível ponto de virada. Até aqui, muitas iniciativas digitais trouxeram melhorias incrementais, mas não alteraram de fato a estrutura dos mercados. A inteligência artificial, no entanto, pode representar o elemento transformador que faltava para levar a digitalização a um novo patamar.

Com IA assumindo um papel central, talvez estejamos diante de uma nova fase, que não pode mais ser chamada apenas de transformação digital, mas sim de **transformação inteligente**. A IA passa a redefinir modelos de negócios, operações e a própria lógica da criação de valor.

A resposta para esse novo paradigma está na adoção de práticas que vão além da tecnologia. No próximo bloco, exploraremos a inteligência artificial e como ela pode impulsionar a eficiência e a criação de novas possibilidades estratégicas para as organizações.

A IA: a onda que já está transformando o presente

A relevância da IA no contexto atual foi destacada por Mustafa Suleyman, CEO da Microsoft AI e cofundador da DeepMind, uma empresa de IA adquirida pelo Google. Em *The Coming Wave* (2023), Suleyman descreve a IA generativa como "a próxima onda", com potencial para remodelar a maneira como as organizações operam, criam valor e interagem com seus clientes. Quando este livro foi escrito, em 2023, essa onda ainda estava se consolidando, com empresas explorando seus primeiros casos de uso e buscando formas de integração sustentável. No entanto, novas ondas já começavam a se formar, impulsionadas pelo avanço de aplicações especializadas. O centro gravitacional da IA está gradualmente se deslocando dos processadores e modelos para soluções especializadas e dispositivos inteligentes.

Nos últimos anos, a transformação digital ganhou um novo impulso com a ascensão da inteligência artificial (IA). Embora já tenha sido destacado anteriormente o papel da IA generativa como uma necessidade estratégica, vale explorar suas aplicações específicas que estão redefinindo indústrias inteiras. A IA generativa viabiliza novas formas de personalização, automação de processos complexos e desenvolvimento de produtos inovadores. Além disso, os **agentes de IA** são um diferencial competitivo que permitem interações mais naturais e eficientes com clientes. A **orquestração entre agentes de IA** torna possível entregar uma experiência de atendimento fluida e integrada, independentemente do canal digital utilizado. Sua incorporação nos programas de transformação digital representa uma expansão estratégica que afeta diretamente os modelos de negócio, as operações e a experiência do cliente.

Essa maturidade crescente explica por que a IA desempenha um papel concreto na transformação digital das empresas. Assim como outras tecnologias emergentes, a IA segue o **Gartner Hype Cycle**[1], um modelo que explica os estágios de amadurecimento tecnológico. No momento em que este livro está sendo escrito, a **IA generativa** já ultrapassou o pico de expectativas infladas e o vale da desilusão, entrando na fase em que seu potencial começa a se cristalizar dentro das empresas. Nesse estágio, os resultados reais são avaliados não apenas frente às promessas iniciais, mas também em termos de impacto concreto nos negócios. Muitas organizações já passaram da fase de experimentação e agora trabalham para escalar suas iniciativas de IA de maneira sustentável e economicamente viável.

Além do avanço das grandes corporações, o atual momento da IA generativa também é marcado pelo protagonismo das ***startups***, que desenvolvem soluções inovadoras e acessíveis para diversas áreas. O portal

[1] <https://www.gartner.com.br/pt-br/artigos/hype-cycle-para-tecnologias-emergentes>

There's An AI For That[2] cataloga milhares ferramentas baseadas em IA generativa, revelando a velocidade com que novos produtos surgem e ampliam o impacto da tecnologia nos mais variados setores, desde saúde e educação até automação criativa e suporte ao cliente. Esse ecossistema dinâmico demonstra como a IA já se tornou um diferencial competitivo acessível não apenas às grandes empresas, mas também aos pequenos negócios.

Além de sua capacidade de transformar operações e produtos, a IA também se tornou uma questão geopolítica. A corrida por liderança em IA está intrinsecamente ligada à disputa pelo domínio na fabricação de *chips* avançados e à infraestrutura tecnológica. **A DeepSeek é um exemplo claro desse novo capítulo na guerra fria digital entre americanos e chineses.** Fruto das sanções americanas que restringem o acesso chinês a *chips* de ponta como os da Nvidia, a DeepSeek demonstra resiliência e criatividade na inovação tecnológica. **Os dados sobre processamento ainda não foram validados de forma independente para atestarmos que de fato são recursos modestos e *chips* defasados.** E, claro, seus custos ainda geram bons debates - afinal, até que ponto uma IA competitiva pode ser desenvolvida com menos poder computacional? Esse é um dos temas que promete seguir em discussão nos próximos anos.

Por outro lado, nos Estados Unidos, o programa StarGate, anunciado pela administração Trump, evidencia o esforço do país em consolidar sua liderança global em IA. Com investimentos previstos de até US$ 500 bilhões em infraestrutura de IA ao longo dos próximos anos, o governo norte-americano busca acelerar o desenvolvimento tecnológico por meio de parcerias público-privadas envolvendo gigantes como OpenAI, SoftBank e Oracle. Essa iniciativa reforça a infraestrutura energética para a expansão da IA e tenta manter os EUA na vanguarda tecnológica. Esse cenário é amplamente abordado no livro *Chip War* (2022), de Chris Miller, que será revisitado no último capítulo, no tópico "A Geopolítica dos Chips e a IA".

É evidente que a IA generativa impulsionará uma nova onda de inovação. No entanto, é crucial reconhecer os desafios relacionados ao seu impacto ambiental. Seu alto consumo de energia, especialmente em processos de treinamento de modelos e execução em escala, levanta preocupações significativas sobre sustentabilidade. Amy Webb, em ***The Big Nine: how***

---

[2] <https://theresanaiforthat.com/>.

the tech titans and their thinking machines could warp humanity (2019), alerta para a necessidade de um planejamento estratégico e ético em torno da IA, destacando como as escolhas feitas hoje moldarão o futuro da humanidade. Embora o livro seja anterior ao surgimento da IA generativa, suas discussões sobre o papel das grandes empresas de tecnologia - as ***Big Nine*** (Google, Amazon, Apple, IBM, Microsoft, Facebook, Baidu, Alibaba e Tencent) - continuam atuais. Hoje, muitas dessas empresas fazem parte das ***Magnificent Seven***, as principais *big techs* de capital aberto: **Apple, Microsoft, Alphabet (Google), Amazon, Meta (Facebook), Nvidia e Tesla**. Para maximizar o impacto positivo da IA, as organizações devem adotar práticas que equilibrem inovação e eficiência energética e explorar fontes de energia renovável e tecnologias mais verdes para mitigar a pegada de carbono.

E, mesmo com certa retração recente na agenda ESG, as empresas devem seguir perseguindo a eficiência energética. Afinal, não é só sobre salvar o planeta - é também sobre garantir que não fiquem no escuro quando a energia faltar. Quem quer ser a empresa que parou porque a luz acabou?

Considerando esses desafios, conclui-se que o sucesso de um programa de transformação digital depende, antes de tudo, de um diagnóstico preciso do ponto de partida. Somente a partir dessa clareza será possível aproveitar plenamente as novas possibilidades que a IA e outras tecnologias oferecem. Isso exige uma análise profunda: que capacidades digitais já existem na organização? Quais ainda precisam ser desenvolvidas? Responder a essas perguntas será essencial para que as empresas não apenas acompanhem essa nova onda de transformação, mas também a liderem.

O próximo capítulo aborda o tema do ***assessment* de capacidades digitais** e fornece ferramentas para entender onde sua organização está e para onde deve ir. É a base para construir uma estratégia de transformação sólida e relevante no cenário competitivo atual. ■

“A verdadeira transformação digital não é um novo software, mas um novo modo de pensar o futuro.”

CAPÍTULO 03

ASSESSMENT DE CAPACIDADES DIGITAIS

Cada organização inicia sua jornada de transformação digital - ou melhor, de **transformação inteligente** - a partir de um ponto distinto, conforme seu histórico mercadológico, sua maturidade digital e suas ambições futuras. Algumas partem de iniciativas mais tradicionais de digitalização, enquanto outras já incorporam a inteligência artificial como um pilar estratégico. Independentemente do ponto de partida, **o *assessment* de capacidades digitais é uma etapa essencial para diagnosticar o estado atual da organização, identificar lacunas críticas e alinhar tecnologia, processos e pessoas às metas estratégicas.**

Mais do que uma simples avaliação, o *assessment* ajuda a **priorizar investimentos e direcionar ações estratégicas**, garantindo que digitalização e inteligência artificial **não sejam iniciativas isoladas, mas forças integradas para gerar valor sustentável e vantagem competitiva.**

O panorama da transformação digital no Brasil: o que revela o ITDBr?

No cenário brasileiro, um dos principais referenciais para avaliação da maturidade digital das empresas é o Índice de Transformação Digital Brasil (ITDBr), desenvolvido pela **PwC** em parceria com a **Fundação Dom Cabral** (PWC, 2024).

Os dados mais recentes indicam um avanço na maturidade digital das empresas no país, **com a média nacional subindo de 3,3 para 3,7 em uma escala de 1 a 6**. Apesar desse crescimento, a pesquisa revela desafios persistentes, principalmente em **governança digital, integração de soluções e capacitação de talentos**.

Os principais destaques do estudo incluem:

- **Apenas 30% das empresas** brasileiras possuem uma estratégia digital totalmente integrada ao negócio.

- **Mais de 60% ainda enfrentam barreiras culturais** que dificultam a adoção de novas tecnologias.
- **A governança digital foi a dimensão que mais evoluiu**, passando de **2,9 para 3,9** na escala do índice, refletindo um esforço crescente para estruturar a gestão da transformação digital.
- **Tecnologias emergentes como IA generativa ainda não são amplamente exploradas**, sendo adotadas de forma estratégica por menos de **25% das organizações** avaliadas.

Esses dados reforçam **a importância do *assessment* como ferramenta para mapear lacunas e definir prioridades**. Sem um diagnóstico claro, as empresas correm o risco de dispersar esforços em iniciativas desconectadas da realidade do negócio.

Frameworks de avaliação: estruturando e medindo a transformação digital

A transformação digital exige não apenas **estratégia e execução bem alinhadas**, mas também **mecanismos confiáveis de diagnóstico** que permitam às organizações entenderem **onde estão, para onde querem ir e como chegar lá**. Para isso, três abordagens complementares podem ser usadas:

1. ***Framework* da McKinsey (*Rewired*[3]) –** Um modelo para estruturar a transformação digital de maneira integrada, conectando estratégia, execução e gestão da mudança.
2. **Índice CESAR de Transformação Digital (ICTd) –** Um *assessment on-line* brasileiro, focado em oito dimensões essenciais para medir a maturidade digital de empresas no Brasil.
3. **Modelo da Forrester –** Uma abordagem amplamente usada por CMOs e outras lideranças para avaliar a maturidade digital sob a perspectiva de cultura, tecnologia, governança e dados.

A seguir, exploramos essas três abordagens e como elas se complementam.

---

[3] Lamarre, Smaje e Zemmel (2023).

Estruturando a transformação digital: o *framework* da McKinsey

Para que uma transformação digital seja **escalável, sustentável e bem executada**, as iniciativas digitais devem estar **estrategicamente alinhadas** ao negócio e apoiadas por uma estrutura organizacional adequada. O ***framework* da McKinsey**, apresentado no livro *Rewired* (LAMARRE; SMAJE; ZEMMEL, 2023), oferece um modelo prático que possui **seis pilares**.

A seguir, a figura ilustra a organização desses pilares e como eles **conectam estratégia, execução e gestão da mudança** para impulsionar a transformação digital:

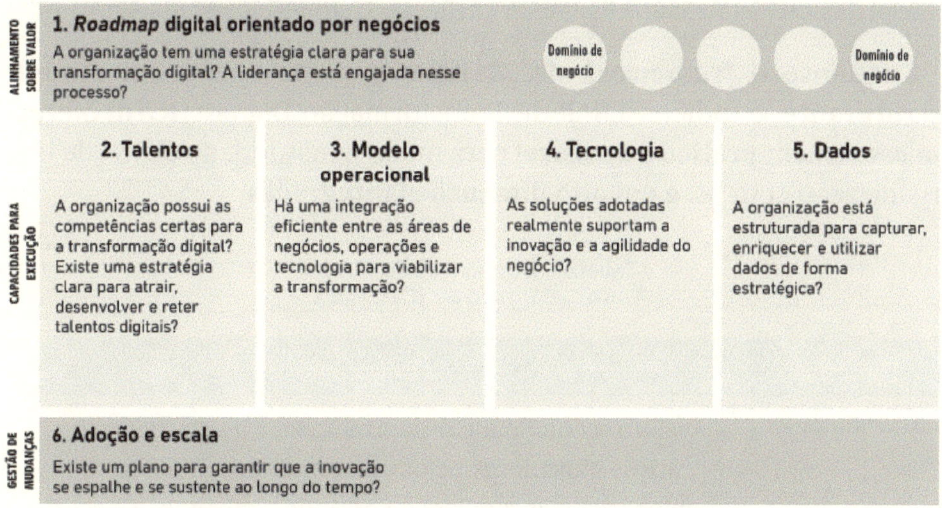

Figura 5. Pilares do *framework* de transformação digital da McKinsey. Fonte: adaptado de Lamarre, Smaje e Zemmel (2023).

Os seis pilares fundamentais são:

- ***Roadmap* digital orientado por negócios** – Garante o **alinhamento da liderança** com a visão de transformação e a reestruturação dos domínios de negócio para entregar **melhores experiências aos clientes**.
- **Talentos** – Assegura que a organização possua as **habilidades e capacidades certas** para executar e inovar.
- **Modelo operacional** – Aumenta a eficiência da organização, **integrando negócios, operações e tecnologia**.
- **Tecnologia** – Facilita o **uso estratégico da tecnologia** para impulsionar a inovação de forma ágil.

- **Dados** - Garante que os dados sejam **enriquecidos continuamente e consumidos de maneira eficiente** em toda a organização.
- **Adoção e escala** - Maximiza a captura de valor ao garantir **a adoção e expansão das soluções digitais**, gerenciando de forma rigorosa **os riscos e o progresso da transformação**.

Este modelo reforça que a transformação digital não é apenas sobre tecnologia, mas sobre como a estratégia da organização está conectada às suas capacidades internas e à sua habilidade de implementar mudanças de maneira sustentável.

O papel das oito dimensões do índice CESAR de Transformação Digital (ICTd)

Enquanto o ***framework* da McKinsey** serve como **um modelo estruturante**, o Índice CESAR de Transformação Digital[4] **(ICTd)** oferece **um *assessment* prático e acessível** para medir a maturidade digital de uma organização com base em **oito dimensões integradas**.

Tabela 1. Dimensões do ICTd.
Fonte: adaptado de ICTd (s.d.).

Dimensão	Descrição
Cultura e pessoas	Avalia a mentalidade organizacional e a adoção de práticas inovadoras pelos colaboradores. Cultivar um ambiente de aprendizado contínuo e adaptação é essencial para sustentar a transformação.
Consumidores	Examina o entendimento das necessidades dos clientes e a capacidade de criar experiências *omnichannel* personalizadas.
Concorrência	Mede a habilidade da organização de reagir às dinâmicas do mercado e se diferenciar em um ambiente competitivo.

[4] <https://transformacao.cesar.org.br/>.

Dimensão	Descrição
Inovação	Observa a criação de soluções disruptivas e o uso de tecnologias para abrir novas oportunidades de mercado.
Modelos de Negócio	Foca na criação de novas fontes de receita por meio da digitalização de serviços e exploração de mercados.
Tecnologias habilitadoras	Avalia a maturidade tecnológica, a escalabilidade e a integração de ferramentas como nuvem, IA e automação.
Dados e ambientes regulatórios	Considera a governança de dados, a conformidade regulatória e a capacidade de usar dados como ativos estratégicos.

Resultados do *assessment*: o caso da Ânima

Ao realizar o ***assessment* do Instituto CESAR (ICTd)**, as empresas recebem um relatório detalhado, incluindo um **gráfico de radar** que ilustra **o percentual de maturidade em cada uma das oito dimensões avaliadas**.

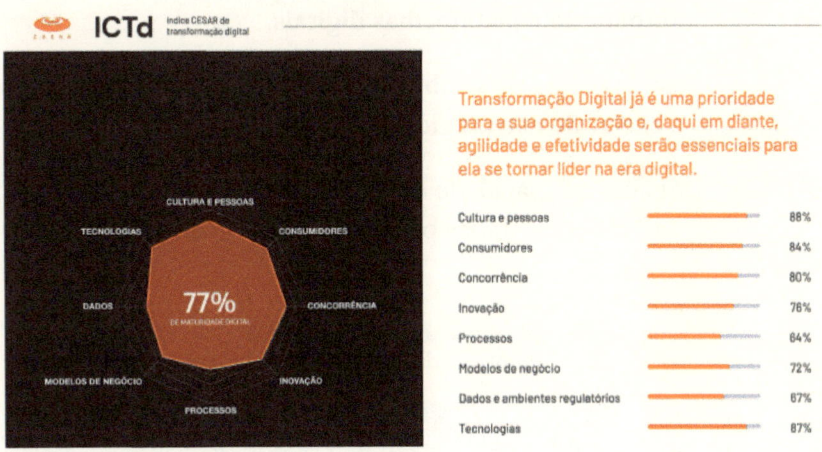

Figura 6. *Assessment* do Instituto CESAR para o caso da Ânima.
Fonte: o autor.

No caso da Ânima, nossa autoavaliação atual indica maiores desafios nas dimensões de processos, dados e novos modelos de negócio. Com esse ponto de partida, devemos traçar planos para evoluir.

Vale destacar, no entanto, que o ICTd foi concebido durante a pandemia de COVID-19 e ainda contém perguntas relacionadas à responsividade das organizações ao tema, sem uma cobertura aprofundada sobre inteligência artificial generativa. É provável que, futuramente, a ferramenta seja atualizada para capturar a maturidade em novas tecnologias.

Frameworks de avaliação: o modelo da Forrester

O modelo da Forrester (WITCHER *et al.*, 2024) avalia a maturidade digital com base em **quatro dimensões centrais** e classifica as empresas em **quatro níveis de maturidade digital**.

Tabela 2. Dimensões do modelo da Forrester.
Fonte: adaptado de Witcher *et al.* (2024).

Dimensão	Descrição
Cultura	Mede o grau de maturidade digital da organização em termos de **mentalidade, agilidade e inovação**.
Tecnologia	Examina a infraestrutura tecnológica, a adoção de **IA, automação e plataformas digitais**.
Organização	Avalia o grau de **alinhamento entre liderança, governança e execução estratégica**.
Insights	Analisa a capacidade de usar **dados estrategicamente** para decisões orientadas por valor de negócio.

Tabela 3. Níveis de maturidade do modelo Forrester.
Fonte: adaptado de Witcher *et al.* (2024)

Nível	Descrição
Skeptics (céticos)	Empresas que **não priorizam a transformação digital**, têm **baixa integração tecnológica** e processos predominantemente analógicos.
Adopters (Adotantes)	Organizações que começaram a implementar iniciativas digitais, mas de forma **reativa**, geralmente impulsionadas por tendências do mercado.

Nível	Descrição
Collaborators (Colaboradores)	Empresas que possuem uma **estratégia digital bem definida**, mas ainda têm desafios para **otimização e inovação**.
Differentiators (Diferenciadores)	Organizações que **usam tecnologia para redefinir mercados**, impulsionam **inovações disruptivas** e criam vantagem competitiva.

Conclusão: o *assessment* como guia para a transformação digital

A transformação digital não acontece por acaso. Ela exige planejamento, estruturação e um diagnóstico preciso para que os investimentos certos sejam feitos no momento adequado. Os *insights* extraídos do *framework* da McKinsey (*Rewired*), do Índice CESAR de Transformação Digital (ICTd), do modelo da Forrester e do Índice de Transformação Digital Brasil (ITDBr) demonstram que avaliar a maturidade digital é um passo essencial para orientar decisões estratégicas, fortalecer a governança e garantir que tecnologia e estratégia caminhem juntas.

Enquanto o *framework* da McKinsey oferece um modelo estruturante para alinhar estratégia e execução, o ICTd se apresenta como uma ferramenta prática para mensurar a maturidade digital. O ITDBr, desenvolvido pela PwC em parceria com a Fundação Dom Cabral, amplia essa análise ao trazer um *benchmark* anual da maturidade digital das empresas no Brasil que permite comparações setoriais e um diagnóstico mais contextualizado à realidade do mercado nacional.

Já o *assessment* da Forrester, tradicionalmente utilizado por CMOs, reforça que a transformação digital não é exclusiva da TI, mas sim um desafio estratégico que exige engajamento de toda a liderança.

No entanto, os modelos realizados antes da ascensão da IA generativa não são mais suficientes para capturar a nova realidade digital. As oportunidades trazidas pela IA são imensas, mas também geram lacunas a serem endereçadas em governança, conformidade regulatória e uso seguro da tecnologia. Assim, as ferramentas de diagnóstico precisam evoluir para refletir os impactos da IA generativa, garantindo que empresas adotem essa tecnologia de maneira estruturada e responsável.

A importância da inteligência artificial e *guardrails*

A inteligência artificial (IA) deixou de ser apenas um fator de inovação tecnológica para se tornar um pilar essencial da transformação digital. Seu avanço, impulsionado especialmente por IA generativa e *machine learning*, vem remodelando a forma como as empresas operam, inovam e tomam decisões.

Diante desse novo cenário, é imprescindível que os *assessments* de maturidade digital sejam atualizados para capturar a real prontidão das empresas na adoção de IA. Isso envolve avaliar desde a infraestrutura tecnológica até a governança de dados e a cultura organizacional, garantindo que as iniciativas de IA sejam seguras, éticas e alinhadas aos objetivos estratégicos.

Por outro lado, o avanço da IA também traz desafios regulatórios e de governança, exigindo que as empresas adotem práticas robustas para garantir um uso seguro e responsável da tecnologia. Para isso, é fundamental implementar *guardrails*, como recomendado pela McKinsey:

- **Governança clara** – Definir papéis e responsabilidades para garantir que decisões que envolvam IA sejam éticas e coerentes com os objetivos de negócio.
- **Transparência e explicabilidade** – Modelos de IA devem ser auditáveis e compreensíveis para gerar confiança nos resultados.
- **Gestão de dados e privacidade** – Garantir conformidade com regulamentações como a LGPD e mitigar riscos relacionados à manipulação de dados.
- **Mitigação de viés** – Adotar práticas que reduzam discriminações inadvertidas nos modelos e monitorar continuamente seu impacto social.

Exemplos práticos de *assessment* digital

Ao realizar um *assessment*, sobretudo com um olhar independente, a organização ganha clareza sobre o ponto de partida e a magnitude dos *gaps* a serem superados. Isso possibilita priorizações mais consistentes e alinhadas às reais necessidades do negócio.

Nos exemplos abordados a seguir, os caminhos seguidos foram bastante distintos porque o diagnóstico inicial evidenciou as dores mais críticas de cada organização. Dessa forma, as ações priorizadas se mostraram muito mais eficazes, uma vez que foram fundamentadas em uma análise robusta e específica. Além disso, o *assessment* se destaca como uma prática indispensável para líderes que estão assumindo uma nova organização, pois oferece uma "foto inicial" do ponto de partida. Atualizá-lo periodicamente garante um monitoramento contínuo do progresso.

- **Funcional Health Tech:** o *assessment* revelou que o foco deveria estar nas **capacidades de tecnologia e infraestrutura**, já que a operação dependia de sistemas *on-premises* obsoletos. A partir disso, foi elaborada uma estratégia de migração para a nuvem e criado um "placar de modernização" que rastreava dimensões como arquitetura, APIs, segurança cibernética e bancos de dados. Esse diagnóstico permitiu priorizar investimentos e alcançar maior eficiência operacional.
- **Ânima Educação:** o diagnóstico identificou que a principal dor estava na **experiência do cliente**, resultando no desenvolvimento do programa "D2E – Digitalização da Experiência do Estudante". Com foco em estratégias *omnichannel* e dados personalizáveis, a iniciativa vem transformando o engajamento do estudante e aumentando sua lealdade e satisfação.

Ao fazer um *assessment*, as organizações conseguem justificar investimentos e direcionar iniciativas de transformação digital. O *assessment* se estabelece então como um instrumento valioso tanto para líderes quanto para a organização como um todo.

Quando usar o *assessment* de capacidades digitais e de IA

O *assessment* de capacidades digitais e de IA pode ser utilizada em momentos-chave de uma organização. Um dos cenários mais comuns para sua aplicação é quando um novo líder assume responsabilidades em uma empresa. Nesse contexto, o *assessment* serve para alinhar o ponto de partida com a liderança executiva, o conselho de administração e a própria equipe. Ele fornece uma visão clara e imparcial do estado atual das capacidades digitais e de IA da organização e oferece parâmetros de comparação.

Independentemente do *framework* utilizado, o processo deve ser conduzido com *inputs* diversificados, englobando as áreas de negócio, o próprio time de tecnologia e transformação, parceiros estratégicos e, idealmente, uma empresa independente. Essa abordagem garante imparcialidade e evita que o *assessment* se torne uma ferramenta para autoafirmação ou criação de uma falsa percepção de "estado da arte" em tecnologia. O objetivo é trazer clareza, especialmente quando há lacunas ou muito trabalho de saneamento a ser feito.

Outro momento comum para o uso do *assessment*, infelizmente de forma reativa, é após incidentes graves de segurança ou de desempenho aquém do esperado em momentos críticos do negócio, especialmente em vendas. Sempre que as capacidades digitais comprometem o desempenho ou a reputação da empresa, elas são colocadas sob escrutínio interno e externo, tanto para entender o impacto do incidente quanto para planejar uma resposta robusta. Nesses casos, o *assessment* se torna a base para a criação de um plano de aceleração de melhorias, visando restaurar a confiança e preparar melhor a organização para o futuro.

Além disso, submeter a organização a acreditações de renome, como os selos do Bureau Veritas para temas como tratamento de dados e segurança da informação, é uma estratégia relevante para fortalecer a reputação organizacional. Essas certificações comprovam a aderência da empresa às melhores práticas de mercado e podem ser um diferencial competitivo em processos de requisição de proposta (*Request For Proposal* – RFP).

Um exemplo prático foi observado na Funcional Health Tech. Acreditações e auditorias externas em segurança da informação e governança de dados fortaleceram a reputação da empresa frente a grandes clientes globais da indústria farmacêutica e contribuíram para aumentar a credibilidade da organização, melhorando seu posicionamento competitivo.

O *assessment* de capacidades digitais também pode ser realizado no contexto de uma transição de liderança executiva. Um CEO recém-chegado, por exemplo, pode obter um diagnóstico claro e fundamentado com um *assessment*. Esse processo não apenas permite alinhar expectativas com os *stakeholders*, como também responde a ansiedades típicas em momentos de "fear of missing out" (FOMO). Atualmente, por exemplo, vemos como o impacto do Deep Seek desencadeou uma corrida pelo uso da tecnologia, levantando questões sobre prontidão, governança e *guardrails*. Um *assessment*, neste caso, pode ajudar a fundamentar decisões estratégicas e mitigar riscos.

No fim das contas, é sempre melhor fazer um *assessment* preventivo do que em reação a um fato negativo.

No próximo capítulo, discutiremos como liderança e cultura podem transformar o diagnóstico do *assessment* em ações concretas que promovam uma transformação digital sustentável e conectada a resultados.■

"No fim das contas, é sempre melhor fazer um assessment preventivo do que em reação a um fato negativo."

CAPÍTULO 04

FATORES HABILITADORES

Ninguém bate a realidade! Essa frase entrou recentemente no meu repertório de liderança por representar uma ideia simples, mas poderosa: independentemente de nossas certezas ou convicções, a realidade sempre se impõe. Não é possível ignorá-la por muito tempo, mesmo que queiramos. Essa percepção é especialmente verdadeira quando falamos sobre transformação digital, onde compreender os fatores habilitadores é fundamental para enfrentar as realidades específicas de cada organização.

Cada indústria está em um estágio diferente de maturidade no processo de transformação digital. Embora a pandemia de COVID-19 tenha sido um acelerador forçado para muitas empresas, esse momento ficou para trás há muito tempo. Agora é hora de adotar uma agenda mais propositiva. Compreender e aplicar os fatores habilitadores é crucial para alinhar pessoas, processos e tecnologias em torno de um propósito comum. A pergunta que fica é: você está pronto para acelerar sua transformação antes que seus concorrentes o façam?

A transformação digital não acontece no vácuo: ela requer uma combinação estratégica de condições que favoreçam sua implementação. Esses **fatores habilitadores** são as bases sobre as quais empresas constroem suas iniciativas digitais e podem ser divididos em três grandes categorias: **culturais**, **tecnológicos** e **mercadológicos**.

Este capítulo detalha cada uma delas e oferece exemplos práticos e ferramentas para líderes que desejam impulsionar mudanças organizacionais e alcançar resultados significativos.

1. Fatores culturais

Os fatores culturais são o alicerce invisível da transformação digital. Eles incluem elementos como a cultura organizacional, o comprometimento da liderança, o alinhamento financeiro e a proximidade com o cliente.

Embora este capítulo se concentre em como esses fatores habilitam a transformação, no próximo capítulo abordaremos os desafios culturais que podem comprometer o sucesso dessa jornada.

Cultura organizacional

Empresas que incentivam práticas ágeis, priorização de demandas, entendimento da dor do cliente e transparência em relação a problemas e erros conseguem operar de forma mais parecida com *startups*. Elas não escondem os desafios; pelo contrário, trazem os problemas para a mesa e os aborda de forma colaborativa e eficiente.

Mas o que acontece quando ocorre um erro na empresa? O problema é realmente trazido para discussão?

Exemplo prático: na minha experiência na Amil e na Funcional, e que sigo utilizando na Ânima, a "Roda da Culpa" tem sido uma ferramenta poderosa. Nesse exercício, gira-se um lápis na mesa. Após parar, a pessoa para quem a ponta do lápis estiver virada é "culpada" pelo erro. O objetivo é desbloquear a conversa e permitir que todos se concentrem na busca pela solução, sem perder tempo com acusações.

Como a sua empresa lida com erros? Fica focada em encontrar responsáveis ou tenta resolver de verdade o problema?

Compromisso da liderança executiva

Não há transformação sem o envolvimento ativo da liderança executiva. CEOs e conselhos devem patrocinar diretamente os programas de transformação e promover essa cultura em toda a organização. O papel do líder é essencial para inspirar as equipes e alinhar esforços em direção ao objetivo estratégico.

Interessante notar que algumas empresas estão promovendo seus CTOs ou CIOs para a posição de CEO, como uma tentativa direta de acelerar o processo de transformação digital. Um exemplo emblemático é o da XP, sob a liderança de Thiago Maffra, que trouxe a visão tecnológica para o centro das decisões estratégicas. Outro caso notável é o do Grupo Boticário, que combina as áreas de RH e tecnologia sob uma única liderança, reforçando o alinhamento entre cultura organizacional e inovação tecnológica.

Porém, independentemente de títulos, o compromisso da liderança executiva é indispensável. A área de tecnologia vive sob uma "janela de vidro" constante, onde eventos críticos de negócio ou fatores externos colocam sua estrutura à prova. O desafio é equilibrar a "conta corrente" entre débitos e créditos, e cabe à liderança executiva garantir que os créditos (os impactos positivos da transformação digital e da tecnologia) sejam sempre muito superiores.

Exemplo prático: líderes que participam ativamente de *workshops* de inovação ou sessões de alinhamento estratégico demonstram apoio direto aos times e reforçam a prioridade dos programas de transformação. Esses ritos, muitas vezes simbólicos, têm um efeito poderoso ao sinalizar que o compromisso vem de cima.

Proximidade com o cliente

Transformar com o cliente, e não apenas para ele, é um diferencial estratégico em qualquer jornada de transformação digital. A inclusão do cliente no processo de evolução permite que as organizações desenvolvam soluções alinhadas às reais necessidades do público. Ferramentas como **CSAT** (*Customer Satisfaction Score*), **NPS** (*Net Promoter Score*) e interações regulares ajudam a capturar *feedbacks* em tempo real, priorizar ações e ajustar rapidamente produtos e serviços.

Exemplo prático: na **Funcional Health Tech**, a área de Satisfação do Cliente e Inteligência de Mercado desempenha um papel central nesse processo. A estrutura roda pesquisas regulares para identificar dores dos clientes, medir o NPS e acompanhar o ciclo completo das ações necessárias, desde a identificação do problema até a devolutiva final. Esse trabalho inclui não apenas resolver os problemas identificados, mas também comunicar adequadamente as melhorias realizadas.

Essa proximidade constante - e não apenas em rompantes pontuais de visitas de campo - constrói a confiança de que as coisas estão melhorando, mesmo quando há um longo caminho pela frente. É essa consistência que gera credibilidade e alinha a percepção dos clientes à evolução real da empresa.

Exemplo adicional: na **Ânima Educação**, o "*Feedback Ulife*" utiliza ferramentas como Qualtrics e Hotjar para coletar em tempo real as avaliações dos estudantes sobre a plataforma de aprendizagem digital. A análise desses dados permite identificar pontos de melhoria, priorizar ações e transformar rapidamente a experiência dos alunos e professores.

Esses exemplos demonstram que a proximidade com o cliente deve ser uma prática integrada à cultura organizacional que fortalece a confiança e fomenta a inovação baseada em necessidades reais.

2. Fatores tecnológicos

A infraestrutura tecnológica é um dos principais habilitadores da transformação digital, permitindo escala, flexibilidade e inovação. Soluções como ***cloud computing***, plataformas de dados e práticas robustas de segurança da informação oferecem a base necessária para empresas enfrentarem as demandas crescentes do mercado e acelerarem seus processos de transformação.

A transição para a nuvem é um passo essencial nesse contexto, pois libera as organizações de investimentos pesados em infraestrutura física e permite focar no desenvolvimento de soluções inovadoras. Além disso, a nuvem habilita o uso de tecnologias avançadas, como **IA generativa**, que exige recursos computacionais massivos e escaláveis.

> **Exemplo prático:** a implementação de uma arquitetura híbrida pode suportar picos de demanda em setores críticos, como telemedicina ou plataformas educacionais, garantindo flexibilidade e escalabilidade para lidar com flutuações.

Para viabilizar a adoção de soluções baseadas em **IA generativa**, uma opção é fazer alianças estratégicas com grandes provedores de *cloud*, como o **Bedrock da AWS** ou o **Vertex AI do Google Cloud**.

> **Exemplo prático:** a colaboração da **Funcional Health Tech** com o **Google Cloud** resultou em diversas iniciativas de impacto, incluindo a publicação de um *case* com uma grande rede de farmácias e a realização de eventos comerciais da Funcional na sede do Google em São Paulo.
>
> Além disso, minha participação no **Google Cloud Expedition para Israel em 2022**, ao lado de empreendedores de *startups* renomadas como **JusBrasil**, **Mottu**, **Avenue** e **Unico**, reforçou a posição da Funcional como um *player* inovador e conectado às tendências globais.

Esses exemplos ilustram como infraestrutura tecnológica moderna e parcerias estratégicas com líderes globais podem transformar o alcance das iniciativas digitais e promover inovação contínua.

Plataforma de dados

Uma plataforma de dados eficiente não é apenas um requisito técnico, mas um dos pilares fundamentais da transformação digital e da adoção de inteligência artificial. Nesse contexto, a engenharia de dados e um *data lake* bem estruturado são os fundamentos que sustentam tudo.

A empresa deve investir continuamente para extrair o melhor dos dados, fugindo da falácia de ser "data-driven", enquanto na realidade está atolada em um "pântano de dados". Facilitar o acesso aos dados sem comprometer a segurança é um passo indispensável para alcançar uma verdadeira cultura *data-driven*. Afinal, dados precisam ser acionáveis para que decisões sejam tomadas com confiança e velocidade.

É interessante observar a evolução do *big data*: de grandes conjuntos de dados armazenados localmente para plataformas de dados na nuvem, que agora oferecem consultas em linguagem natural e *insights* gerados automaticamente por IA. Porém, não nos enganemos – essas plataformas ainda carregam o peso de débitos técnicos acumulados em ondas anteriores de transformação. Há um enorme *gap* a ser coberto em dados, e talvez a própria IA possa ajudar a fechar essa lacuna ao acelerar a padronização, a limpeza e a governança de informações críticas.

A dimensão humana também não pode ser ignorada. À medida que os profissionais de dados foram se especializando (cientistas de dados, engenheiros de dados, analistas de BI), a escassez de alguém que pudesse orquestrar todos os componentes tornou-se ainda mais evidente. Por outro lado, a indústria respondeu a essa fragmentação simplificando as *stacks* de dados. As ferramentas atuais demandam menos engenharia de dados e são projetadas para tornar a análise mais acessível, permitindo que equipes multidisciplinares colaborem de forma mais ágil.

Exemplo prático: um *data lake* integrado permite uma análise das operações logísticas em tempo real para antecipar demandas e otimizar rotas. Da mesma forma, no atendimento ao cliente, um sistema bem estruturado prevê gargalos e ajusta recursos automaticamente para atender a picos de demanda.

Hoje, plataformas especializadas em dados na nuvem, como Databricks, Snowflake e serviços dos principais provedores de *cloud computing*, oferecem escalabilidade e inovação constante, além de exigir menos customizações técnicas.

Mensagem final: dados são a base, mas cuidado com a complexidade.

Embora a tecnologia tenha evoluído para simplificar o uso de dados, a complexidade não desapareceu – apenas mudou de lugar. A maturidade digital e o uso estratégico de dados dependem tanto da tecnologia quanto de governança e da cultura organizacional. Não basta ter dados; é preciso saber utilizá-los para gerar valor.

Segurança da informação

A segurança da informação não é apenas uma proteção contra riscos, mas um habilitador estratégico para a transformação digital. Ao adotar uma abordagem de segurança desde o início, as organizações não apenas protegem seus ativos e sua reputação, mas também criam as bases para o crescimento sustentável e a inovação confiável.

A melhor forma obter sucesso nessa jornada é por meio de frameworks reconhecidos globalmente, como o NIST Cybersecurity Framework e os CIS Controls. Esses modelos ajudam a evitar a fragmentação excessiva do stack de segurança e garantem uma abordagem coesa e eficaz. Além disso, submeter-se às exigências de mercado por meio de certificações como a ISO 27001 contribui para elevar o padrão organizacional e fortalecer a reputação frente a clientes, parceiros e reguladores.

Mais do que um tema técnico, a segurança da informação deve ser encarada como uma pauta estratégica, que exige o envolvimento direto do conselho de administração, do comitê executivo e do time de tecnologia. Quando tratada com prioridade nesses níveis, torna-se uma alavanca poderosa para a continuidade dos negócios, a mitigação de riscos e a aceleração da transformação digital. Trata-se, portanto, de uma responsabilidade coletiva e contínua que precisa estar no centro da agenda corporativa.

Ainda assim, mesmo com controles robustos, incidentes podem ocorrer – e, quando acontecem, representam um verdadeiro trauma organizacional. Por isso, é essencial que as empresas contem com um plano de recuperação de desastre (*Disaster Recovery Plan* – DRP) estruturado e baseado em uma análise de impacto nos negócios (*Business Impact Analysis* – BIA). Esses instrumentos devem prever ações coordenadas de resposta e comunicação, envolvendo todos os níveis organizacionais e o mercado, com papéis e responsabilidades claramente definidos. Essa preparação faz toda a diferença na capacidade da organização de responder com agilidade e resiliência em momentos críticos.

3. Fatores mercadológicos

Os fatores mercadológicos são as oportunidades e os desafios que as organizações enfrentam no ambiente competitivo.

Pressão competitiva e novos entrantes

Hoje, a concorrência mudou: novos entrantes, com abordagens disruptivas e uma agilidade impressionante, surgem a cada momento, muitas vezes de lugares inesperados. Essa "concorrência que não vem da concorrência" é um fator habilitador incômodo, mas poderoso, para impulsionar a transformação. Quando o risco direto de continuidade do negócio se torna evidente, ele serve como um alerta urgente para agir.

Como "um sapo colocado em uma panela com água fria em um fogão", ninguém precisa esperar que a água esquente até o ponto de não haver mais como reagir. As organizações devem identificar tendências e se antecipar antes que novos *players* dominem o mercado ou que mudanças no comportamento do cliente inviabilizem os modelos tradicionais.

Exemplo prático: no setor de ensino superior, além do crescimento do ensino a distância (EAD), criadores de conteúdo e plataformas digitais estão transformando o mercado ao oferecer alternativas que muitas vezes são mais flexíveis, acessíveis e alinhadas às necessidades dos estudantes. Esses novos modelos desafiam diretamente instituições tradicionais, forçando-as a repensar não apenas seus formatos, mas também suas estratégias de engajamento e retenção.

Mudanças regulatórias

Mudanças regulatórias frequentemente desempenham um papel decisivo na direção da transformação digital em diferentes setores. Regulações podem tanto acelerar quanto atrasar a inovação, dependendo de como são concebidas e implementadas. Órgãos reguladores em áreas como saúde, educação, finanças etc. têm uma responsabilidade crítica: atuar como fomentadores e direcionadores da inovação, assegurando que as transformações tecnológicas favoreçam os consumidores finais e promovam inclusão e acesso.

Um órgão regulador eficaz equilibra inovação com segurança e garante que a tecnologia seja incorporada de maneira responsável e ética. Isso envolve:

- **Proteção de dados:** os dados dos consumidores devem ser utilizados de forma segura e apenas para fins que gerem benefícios claros. Reguladores devem assegurar que tecnologias como IA não sejam usadas para excluir pessoas de serviços ou oportunidades, mas para ampliar o acesso e promover a equidade.
- **Promoção da inclusão:** regulações bem planejadas podem criar incentivos para que empresas desenvolvam soluções acessíveis que reduzam as desigualdades tecnológicas e sociais.
- **Definição de diretrizes:** ao estabelecer parâmetros claros para a adoção de novas tecnologias, como IA e *blockchain*, reguladores liberam as empresas para inovar com segurança, sem prejudicar os consumidores.

Exemplos de regulações que impulsionam transformações:

1. **Educação:** em países onde as regulamentações reconhecem microcredenciais e cursos de curta duração como equivalentes a certificados tradicionais, instituições de ensino têm acelerado a criação de programas de aprendizado mais flexíveis e alinhados às demandas do mercado.
2. **Saúde:** a regulamentação da telemedicina durante a pandemia de COVID-19 foi um exemplo claro de como uma mudança regulatória pode destravar novos modelos de atendimento e proporcionar acesso a consultas médicas remotamente a milhões de pessoas.
3. **Finanças:** o *open banking*, regulamentado em vários países, criou um ecossistema onde consumidores podem compartilhar seus dados financeiros com diferentes instituições, promovendo personalização de serviços e competição saudável.

Apesar de seu potencial como fator habilitador, mudanças regulatórias também trazem desafios. Implementações mal planejadas ou excessivamente rígidas podem sufocar a inovação e criar barreiras para novos entrantes. Por outro lado, a falta de regulação adequada pode levar a abusos, como o uso indevido de dados de consumidores ou a exclusão de grupos vulneráveis.

No centro dessas mudanças está a questão da governança de dados. Reguladores precisam garantir que os dados dos consumidores sejam tratados com responsabilidade, evitando sua utilização para práticas discriminatórias ou que limitem o acesso a serviços. Por exemplo, algoritmos de IA devem ser projetados e monitorados para evitar vieses que excluam certos grupos da participação plena no mercado.

Quando bem planejadas e alinhadas aos interesses dos consumidores finais, as mudanças regulatórias criam um ambiente propício para inovação responsável. No entanto, as empresas também têm o dever de se adaptar às novas regulações de maneira proativa, com o objetivo de melhorar seus modelos de negócio e construir confiança com seus clientes.

Exemplo prático: A regulamentação de prontuários eletrônicos interoperáveis pode levar a uma visão integrada do histórico médico do paciente, melhorando diagnósticos e tratamentos. Além disso, fomentou-se o uso de IA para análises preditivas em saúde, beneficiando tanto pacientes quanto operadoras.

A transformação digital regulada de forma estratégica é capaz de nortear mercados, beneficiar consumidores e promover um progresso que equilibre inovação e responsabilidade.

A matriz a seguir sintetiza os principais fatores habilitadores, com aspectos, ferramentas e exemplos detalhados para aplicação prática.

Tabela 4. Principais fatores habilitadores.
Fonte: o autor.

Fator habilitador	Aspectos principais	Ferramentas ou práticas	Exemplo
Liderança executiva	Comprometimento e alocação de recursos	Sessões de OKRs (*Objectives and Key Results*), *workshops* estratégicos	CEO participa de *workshops* para revisão de metas.
Cultura organizacional	Propensão à inovação; aprendizado contínuo	*Hackathons*, programas internos de ideias	*Hackathons* para engajar equipes e incentivar inovação.
Infraestrutura tecnológica	Escalabilidade e integração	Monitoramento com Datadog	Migração para *cloud* híbrido para suporte ao *e-commerce*.
Segurança da informação	Conformidade e prevenção de riscos	Auditorias frequentes, simuladores de ataques	Implementação de testes de vulnerabilidades trimestrais.
Competências digitais	*Upskilling* e *reskilling*	Cursos internos, trilhas de aprendizagem	Criação de trilhas *DevOps* para equipes de TI.
Comunicação e alinhamento	Clareza na comunicação dos objetivos	Ferramentas de colaboração (Teams, Slack)	Envio de relatórios semanais com os avanços do programa.

Fator habilitador	Aspectos principais	Ferramentas ou práticas	Exemplo
Capacidade de inovação	Fomento à experimentação	Laboratórios de inovação, programas de intraempreendedorismo	Lançamento de protótipos de IA generativa em ambientes controlados.
Mudanças regulatórias	Impacto das alterações na regulamentação, com foco em inclusão e proteção dos consumidores	Consultorias especializadas em regulação, grupos de trabalho entre empresas e reguladores	Regulação de telemedicina para expansão de consultas remotas e interoperabilidade de prontuários eletrônicos.

Após entender os principais fatores habilitadores apresentados na matriz, é hora de explorar como eles podem ser colocados em prática para criar condições ideais para a transformação. No próximo bloco, veremos como essas "sementes" podem ser plantadas e cultivadas para que a transformação digital e de IA realmente prospere.

Plantando as sementes para a transformação

A transformação digital e de inteligência artificial requer condições específicas para prosperar. Os **fatores habilitadores** funcionam como sementes que, se bem cuidadas, germinarão e darão frutos para a organização.

A liderança desempenha um papel essencial nesse processo, agindo como o agricultor que zela para que a plantação floresça. Um bom líder não apenas prepara o terreno, mas também remove as ervas daninhas, cuida do solo e garante que os frutos sejam colhidos na hora certa.

Uma chamada à ação

Entender e aplicar os fatores habilitadores é um convite à execução. Eles não devem ser vistos apenas como conceitos teóricos, mas como ações concretas que impulsionam mudanças organizacionais reais. Para cada semente plantada, a liderança precisa garantir um terreno fértil e um cuidado contínuo para que o potencial da transformação digital seja plenamente realizado.

Compreendemos agora como habilitar a transformação, mas o sucesso não está garantido sem um elemento fundamental: a **cultura organizacional**. É ela que transforma o ambiente de trabalho em um terreno fértil ou árido. No próximo capítulo, exploraremos como cultivar uma cultura que promove a inovação, a colaboração e o alinhamento estratégico. ■

"Transformação é como plantar uma árvore: você precisa do terreno certo, da água certa e do cuidado diário. Sem isso, corre o risco de ficar apenas com sementes."

CAPÍTULO 05

DESAFIOS CULTURAIS

Toda transformação digital ocorre dentro de um contexto cultural único. A governança, os processos decisórios e as dinâmicas interpessoais variam de empresa para empresa, mesmo em setores semelhantes. Por isso, não há uma abordagem universal: cada programa é moldado por fatores internos e externos.

Embora a tecnologia seja fundamental, o fator cultural pode ser o maior diferencial para o sucesso ou fracasso de uma transformação digital. Como vimos na introdução, a equação **Transformação = D x V x P > R** ajuda a compreender como **Desconforto, Visão e Processo** precisam estar em equilíbrio para superar barreiras e gerar resultados.

No livro *Rewired* (LAMARRE; SMAJE; ZEMMEL, 2023), já citado anteriormente, os autores reforçam que a transformação digital bem-sucedida exige que a **cultura organizacional** seja tão adaptável quanto a tecnologia que a sustenta. Eles destacam que as mudanças tecnológicas só geram impacto quando acompanhadas de **mentalidade de aprendizado**, e **compromisso da liderança** em promover a inovação e a experimentação.

Além desses desafios culturais, é crucial considerar a atual conjuntura econômica do Brasil. Projeções indicam uma inflação crescente, uma taxa de juros elevada e, curiosamente, uma baixa taxa de desemprego. Não é minha pretensão fazer análises macroeconômicas, porém a menção se deve ao fato de que esses elementos influenciam diretamente o humor das empresas. Eles não fazem parte da cultura organizacional, mas representam desafios conjunturais que se somam às barreiras culturais e precisam ser considerados. Eles "temperam" e dão sabor à transformação de cada organização, influenciando diretamente a disposição para investir, inovar e transformar.

Diante desse cenário, como as organizações podem usar ferramentas como a IA generativa para superar não apenas desafios culturais, mas também conjunturais? É isso que exploraremos no próximo bloco.

A IA generativa e os desafios culturais

Os desafios culturais representam uma das maiores barreiras para o sucesso de qualquer programa de transformação digital e adoção de inteligência artificial (IA). Embora a tecnologia esteja disponível e muitas vezes comprovada, é a resistência organizacional que pode determinar o sucesso ou o fracasso dessas iniciativas. Ninguém declaradamente se opõe à transformação, ou raramente isso ocorre; o problema maior é a postura do sabotador velado, normalmente por inércia, que segue acreditando que a forma vigente é a melhor e repele a mudança ou mesmo os processos que fazem aflorar novos caminhos. Superar esses desafios exige uma abordagem estratégica focada em mudança de mentalidade, engajamento das lideranças e preparo das equipes por meio de *reskilling* e *upskilling*.

Nos próximos tópicos, exploraremos cinco desafios culturais recorrentes enfrentados pelas empresas em suas jornadas de transformação digital e adoção de IA generativa. Cada item apresenta **práticas recomendadas** e **exemplos** para ajudar a lidar com essas barreiras de forma eficaz:

1. **Não reconhecer o impacto da tecnologia:** a falta de percepção sobre a importância estratégica da IA e outras tecnologias pode limitar a inovação e expor a empresa à obsolescência.
2. **Resistência em participar da estratégia tecnológica:** quando as áreas de negócio não se envolvem na agenda tecnológica, surgem silos organizacionais que dificultam a integração da tecnologia às operações e estratégias.
3. **Excesso de conservadorismo:** o medo de arriscar pode impedir a exploração de novas oportunidades e levar à estagnação tecnológica e operacional.
4. **Baixo engajamento da liderança executiva:** sem o suporte ativo da alta liderança, iniciativas de transformação digital perdem força e direção.
5. **Baixa tolerância a falhas:** culturas que penalizam erros inibem a inovação e deixam a organização menos adaptável às mudanças do mercado.

Não reconhecer o impacto da tecnologia

Muitos subestimam o impacto da tecnologia e acreditam que modelos tradicionais de operação continuarão eficazes em um cenário de rápida evolução impulsionado pela inteligência artificial (IA). Esse tipo de pensamento limita a capacidade de adaptação da organização, expondo-a a vulnerabilidades frente a novos concorrentes mais ágeis e inovadores.

Prática recomendada

Organizar *workshops* com provedores de tecnologia

Envolva lideranças em sessões práticas que demonstrem casos de uso relevantes de IA. Esses *workshops* devem contar com a participação de parceiros de tecnologia e geralmente ocorrem na sede dessas empresas, com a apresentação de *cases* de outros mercados, sempre com o intuito de tirar as pessoas da zona de conforto e fomentar novas abordagens ou ideias.

Exemplo: durante o **Microsoft AI Tour**[5], a CEO da Ânima Educação, **Paula Harraca**, participou de uma rodada de CEOs com **Satya Nadella**, CEO da Microsoft, para discutir o impacto estratégico da IA e explorar como novas tecnologias podem transformar operações e modelos de negócios.

---

[5] <https://aitour.microsoft.com/pt-BR/sao-paulo>.

Prática recomendada

Apresentar *benchmarks* de setores transformados pela tecnologia

Buscar exemplos concretos de indústrias que sofreram disrupção para ilustrar riscos e oportunidades. Vale entender movimentos de setores como o de comunicação, que passou a combinar modelos de assinatura paga com receita publicitária para fazer frente à disrupção das *big techs*, em uma feroz briga por audiência. O setor de educação preserva similaridades com o setor de comunicação, compartilhando desafios relacionados à busca por sustentabilidade econômica e inovação. No entanto, a educação ainda não encontrou um novo modelo de negócios que permita um equilíbrio entre escala, qualidade e retorno financeiro. Essa reflexão sobre outros setores ajuda a contextualizar os desafios e pode inspirar soluções.

Exemplo: compartilhar *benchmarks* de *edtechs* com investimentos da **Ânima Ventures** (estrutura de *corporate venture* da Ânima), que já impulsionam inovações significativas na experiência de aprendizado.

Prática recomendada

Criar ou participar de estruturas de *Corporate Venture Building* (CVB) ou *Corporate Venture Capital* (CVC)

Esta pode ser uma poderosa estratégia para acelerar a adoção de novas tecnologias e impulsionar a inovação organizacional. Empresas estabelecidas colaboram com *startups*, combinando a agilidade e a criatividade das jovens empresas com a expertise e os recursos das corporações tradicionais.

O CVC fomenta o desenvolvimento de soluções tecnológicas para o negócio principal da empresa. Por meio de parcerias estratégicas, as organizações identificam tendências, testam novos modelos de negócios e integram inovações de maneira ágil e controlada.

Já com o CVB, as corporações internalizam parte do processo de criação de novos negócios, muitas vezes gerados a partir de *insights* obtidos no mercado. Isso é especialmente valioso para indústrias em transformação, como educação e saúde, onde a integração de tecnologias como IA e *machine learning* ainda apresenta um vasto potencial inexplorado.

Exemplo: o **Ânima Ventures**, fundo de CVC da Ânima Educação, já alcançou quatro *startups* investidas. E o **Funcional Ventures**, que liderei por um período no conselho da Funcional Health Tech, realizou aquisições estratégicas, como a Pedbot[6] (plataforma de *chat-commerce* para farmácia).

Prática recomendada

Realizar visitas a eventos de inovação e *hubs* tecnológicos

Esta é uma forma prática de conectar executivos a ecossistemas dinâmicos e inspiradores. Essas experiências ampliam a compreensão sobre tendências tecnológicas e ajudam a identificar oportunidades de parcerias.

[6] <https://www.pedbot.net/>.

> **Exemplo**: em viagem ao ecossistema de Israel em parceria com o Google Cloud, realizada durante minha passagem pela Funcional, explorei *startups* de ponta e soluções inovadoras. Outro exemplo foi a participação no evento da Hyland em Cleveland, quando estava na Amil, que proporcionou *insights* valiosos sobre novas tecnologias aplicadas ao setor de saúde.

Resultados esperados:

- Maior conscientização sobre o papel estratégico da tecnologia, incluindo IA.
- Alinhamento das lideranças à agenda digital, favorecendo a inovação e a experimentação.
- Expansão de capacidades tecnológicas para enfrentar disrupções e explorar oportunidades de crescimento.

Resistência em participar da estratégia tecnológica

Em muitas empresas, as áreas de negócio delegam a responsabilidade tecnológica exclusivamente para a TI, limitando o potencial de impacto estratégico. Essa abordagem cria silos organizacionais, reduz a colaboração e dificulta a integração de tecnologia como uma alavanca para alcançar os objetivos de negócio.

Por outro lado, há o outro extremo, igualmente arriscado, quando as áreas de negócio desconsideram a estratégia corporativa de tecnologia e avançam em projetos contratados diretamente junto aos provedores. Essa prática acentua a fragmentação tecnológica, aumenta os riscos operacionais e eleva significativamente o custo total com tecnologia, comprometendo a eficiência e a sustentabilidade das soluções adotadas.

Práticas recomendadas e exemplos práticos:

Prática recomendada

Criar colideranças para projetos digitais, envolvendo TI e negócios

Projetos estratégicos devem ser liderados em parceria da TI e com as demais áreas de negócio, promovendo alinhamento desde o início.

Exemplo: o fundador da **Funcional Health Tech** faz parte do comitê de tecnologia da empresa, deliberando diretamente sobre investimentos para modernização tecnológica e aquisições de *startups* via **Funcional Ventures**, como no caso da Pedbot. Isso demonstra como a liderança do negócio pode integrar tecnologia à visão estratégica.

Prática recomendada

Designar *sponsors* internos para iniciativas estratégicas

Identifique executivos influentes para patrocinar projetos digitais, garantindo alinhamento organizacional e prioridade na implementação.

Exemplo: na **Inspirali**, empresa investida pela Ânima Educação, conselheiros com forte *skill* tecnológico participam ativamente das discussões estratégicas, alinhando decisões sobre inovação tecnológica às necessidades de crescimento e modernização.

Prática recomendada

Implementar trimestralmente o rito PDCA Executivo

Faça revisões frequentes para acompanhar o progresso de iniciativas tecnológicas e envolva líderes de TI e das áreas de negócio em ciclos de planejamento, execução, avaliação e ajustes.

Exemplo: na **Ânima Educação**, o Comitê Executivo (Comex) realiza trimestralmente um rito de PDCA no qual os *Business Owners*, lideranças de negócio, apresentam os resultados obtidos por meio das iniciativas que compõem o *roadmap* digital. Essa prática fomenta a responsabilidade compartilhada e o alinhamento contínuo entre tecnologia e negócio.

Prática recomendada

Fóruns estratégicos entre TI e negócios

Criar momentos específicos para troca de ideias, compartilhamento de métricas e definição conjunta de prioridades tecnológicas.

Exemplo: a **Ânima Educação** participa ativamente da **Sucesu-SP**, com um representante na vice-presidência de educação, e contribui para o debate sobre inovações tecnológicas no setor educacional, estimulando a troca de experiências entre empresas.

Resultados esperados:

- **Melhor colaboração entre áreas de negócio e TI:** redução de silos organizacionais e maior integração entre tecnologia e estratégias de negócio.
- **Decisões mais rápidas e alinhadas:** agilidade e eficiência nos processos decisórios, com maior adesão das partes interessadas.
- **Aumento do impacto estratégico da tecnologia:** soluções mais conectadas aos desafios e objetivos organizacionais.

Excesso de conservadorismo

O foco excessivo no curto prazo pode levar ao abandono de iniciativas exploratórias e limitar a capacidade de inovação. As empresas ficam então apenas no "básico bem feito", o que pode resultar em uma obsolescência gradual e colocá-las em uma **"espiral da morte" tecnológica**, tornando-as vulneráveis frente a competidores mais ousados. A direção executiva desempenha um papel crucial em bancar a tomada de risco necessária para reverter esse quadro.

Prática recomendada

Criar fundos internos para projetos de inovação

Recursos devem ser dedicados para financiar iniciativas mais arriscadas, que possam gerar novos modelos de negócios e diferenciadores competitivos.

Exemplo: na **Ânima Educação**, a iniciativa "*Universo de Ideias*" incentiva educadores a propor e implementar projetos inovadores. Isso promove a experimentação e a construção de soluções criativas.

Prática recomendada

Equilibrar o portfólio entre iniciativas exploratórias e operacionais

Deve haver um equilíbrio claro entre projetos que garantem a eficiência operacional e aqueles voltados para uma inovação disruptiva.

Exemplo: o fundador da Funcional Health Tech acompanha diretamente o placar de modernização tecnológica da empresa, priorizando tanto atualizações críticas quanto iniciativas que gerem novas receitas. Para isso, a empresa conta com o **Ped Labs**, uma unidade dedicada à modernização de legados e à criação de novos modelos de negócios. O apoio executivo é essencial para balancear riscos e maximizar retornos.

Prática relacionada

Implementar métricas de longo prazo para avaliar experimentos

Crie indicadores específicos para medir o sucesso de iniciativas inovadoras, reconhecendo que retornos de experimentação levam mais tempo para se materializar, mas podem ser transformadores.

Exemplo: na **Amil**, utilizamos uma **Matriz de Digitalização** organizada a partir da macro jornada dos principais *stakeholders*, como beneficiários, corretores e prestadores de serviços. Essa ferramenta atribuía percentuais de completude para desafios trimestrais ou semestrais relacionados à digitalização e possibilitava medir o progresso e identificar áreas críticas para melhoria. A mesma abordagem está em adoção na **Ânima Educação**: métricas claras e alinhadas às jornadas estratégicas ajudam a orientar iniciativas de longo prazo e a gerar valor sustentável.

Resultados esperados:

- **Aumento da disposição para testar novos modelos:** uma cultura mais aberta a riscos, alinhada ao apoio da alta direção.
- **Equilíbrio entre eficiência e inovação:** maior capacidade de explorar novos mercados enquanto mantém operações robustas.
- **Evitar a obsolescência tecnológica:** redução do risco de ficar para trás em um mercado competitivo, graças ao investimento contínuo em modernização e inovação.

Exemplo: mesmo com uma agenda focada em eficiência operacional e desalavancagem financeira, a **Ânima Educação** ajustou seu orçamento para investir em duas frentes estratégicas no **Ulife (*Learning Management System*)**. A revitalização do aplicativo elevou sua avaliação de 1.2 para 4.8, enquanto a implementação de funcionalidades de **IA generativa** trouxe economias significativas na operação de avaliação dos estudantes. Essas iniciativas demonstram como foi possível equilibrar demandas imediatas com a construção de soluções inovadoras para o futuro.

Baixo engajamento da liderança executiva

Sem o suporte ativo do CEO e do conselho, a transformação digital e a adoção de inteligência artificial (IA) dificilmente alcançarão resultados significativos. Segundo o Boston Consulting Group (BCG), a liderança executiva engajada é um dos fatores críticos para o sucesso da transformação digital (FORTH *et al.*, 2020). Empresas em que o CEO e a alta liderança participam ativamente dessas iniciativas conseguem manter o alinhamento estratégico e têm maiores chances de obter resultados duradouros. Sem esse apoio, os esforços tendem a ser fragmentados e falham em gerar impacto sustentável.

Práticas recomendadas

Integrar a agenda digital nas reuniões do conselho

Decisões estratégicas sobre tecnologia devem ser regularmente discutidas em nível executivo para promover alinhamento entre inovação e metas de negócio.

Exemplo: na **Ânima Educação**, é realizada anualmente uma revisão de resultados e direcionamentos de tecnologia no **Conselho de Administração**, reforçando o compromisso da alta liderança com a agenda digital. Além disso, há outros executivos seniores na organização, além de mim, com fortes habilidades em tecnologia, o que garante maior representatividade ao tema.

Prática recomendada

Promover eventos internos para engajar a liderança

Crie fóruns internos para demonstrar a relevância da tecnologia e da IA para as metas organizacionais.

Exemplo: na **Amil**, promovíamos o ***Demo Day***, uma iniciativa para apresentar novas *releases* relevantes do aplicativo de clientes diretamente aos executivos. Esses eventos destacavam os avanços tecnológicos e seu impacto na experiência do cliente, criando um espaço de interação direta entre as equipes de tecnologia e a liderança executiva.

Sessões no estilo *What's Going On* (WGO) também podem ser usadas para conectar lideranças de diferentes áreas, apresentando avanços digitais e alinhando os próximos passos estratégicos.

Prática recomendada

Realizar balanços mensais que destaquem os resultados digitais

Monitore e apresente de forma recorrente o impacto das iniciativas digitais usando métricas-chave.

Exemplo: na **Ânima Educação**, envio mensalmente um e-mail para centenas de pessoas na empresa, incluindo executivos e membros do conselho, detalhando o balanço de tecnologia. Esse relatório inclui os principais avanços e resultados obtidos, além dos desafios a serem enfrentados, garantindo alinhamento, transparência e engajamento contínuo de toda a organização em relação à agenda digital.

Baixa tolerância a falhas

Culturas que penalizam erros criam um ambiente de aversão a riscos, inibindo a inovação e o aprendizado contínuo. Sem tolerância para falhas controladas, as organizações deixam de explorar oportunidades e permanecem estagnadas em práticas conservadoras.

Prática recomendada

Implementar técnicas de aprendizado, como *post mortems* e iterações rápidas

Estabeleça um processo estruturado para analisar falhas, extrair aprendizados e aplicar melhorias.

Exemplo: a **Funcional Health Tech** adotava uma cultura de contingências apoiada pelos **"Sinais Vitais"**, que monitoravam os principais processos de negócio e etapas das jornadas críticas. Essa prática, também presente na **Ânima Educação**, reforça a observabilidade para evitar falhas maiores, enquanto promove um ambiente que aprende com problemas pontuais e evolui continuamente.

Prática recomendada

Adotar critérios claros para riscos calculados

Frameworks e indicadores devem medir o impacto e o custo das falhas, alinhando as expectativas entre equipes.

Exemplo: o **DORA *Framework***[7] (*DevOps Research and Assessment*) possui um indicador de quantidade de *releases* por mês como uma *proxy* de agilidade e maturidade digital. Na **Ânima Educação**, esse balizador ajuda a avaliar a tolerância a falhas, incentiva ciclos rápidos de entrega e permite iterações constantes para inovação.

Prática recomendada

Celebrar experimentos bem-sucedidos

Reconheça publicamente as conquistas e os *insights* obtidos com experimentos, mesmo aqueles que não alcançaram os resultados esperados. Isso reforça a confiança das equipes para arriscar de forma estratégica.

Exemplo: na **Funcional Health Tech**, a prática da **"Baratona"** (Bar + Maratona) permitia que desenvolvedores e engenheiros dedicassem um dia por mês a explorar temas de interesse e implementar soluções em curto prazo. Foi nesse rito que surgiram os primeiros casos de uso de **IA generativa**.

Resultados esperados:

- **Maior abertura para inovação:** uma cultura que valoriza aprendizado contínuo e iterações rápidas.
- **Redução do medo de errar:** um ambiente que aceita falhas controladas como parte do processo de evolução.
- **Monitoramento e resiliência organizacional:** ferramentas como os **"Sinais Vitais"** garantem maior visibilidade e controle e reduzem o impacto de erros em processos críticos.

Ritos para fortalecer a cultura

Além de superar desafios culturais, é fundamental instituir práticas que promovam comportamentos desejados e sustentem a estratégia digital. A seguir, destacam-se práticas que ajudam a criar uma cultura de inovação e colaboração.

[7] <https://cloud.google.com/devops/state-of-devops>.

Prática recomendada

***Framework* próprio para agilidade**

Desenvolva um método adaptado às necessidades da organização para priorizar demandas, organizar *Sprints* e gerenciar entregas.

Exemplos: o ***Funcional Agile Process* (FAP)** e o **Ânima *Agile Process* (A2P)** são *frameworks* desenvolvidos internamente para atender às especificidades de cada empresa e que melhoraram a eficiência e a previsibilidade das entregas digitais.

Prática recomendada

***Live* mensal da TI**

Promova encontros mensais *on-line* entre colaboradores e parceiros terceirizados.

Exemplo: na **Ânima Educação**, a ***live* mensal da TI** permite que mesmo equipes remotas participem de um momento de conexão, onde são apresentados avanços, desafios e reconhecimentos. Essa prática tem sido fundamental para fortalecer o engajamento e garantir a transparência na comunicação.

Prática recomendada

Organograma orientado à jornada

Equipes devem ser montadas com base nas jornadas dos principais *stakeholders*, como clientes, parceiros ou alunos, integrando papéis como UX, engenharia e segurança da informação.
Com isso, os silos organizacionais diminuem, a colaboração aumenta e o impacto das entregas melhora.

Prática recomendada

Guildas temáticas

Para discutir e implementar melhorias, crie grupos focados em temas estratégicos com a participação de colaboradores de diferentes áreas.

Exemplo: na **Ânima Educação**, a **Guilda de Diversidade, Inclusão e Acessibilidade** trouxe pautas relevantes que foram refletidas nos produtos digitais. Iniciativas como a inclusão do campo para **nome social** nos cadastros, ferramentas de acessibilidade para pessoas com deficiência visual e adequações textuais baseadas em melhores práticas de diversidade, equidade e inclusão são resultados diretos dessa guilda.

Prática recomendada

Engajamento de parceiros

Faça eventos regulares para alinhar expectativas e integrar fornecedores e clientes na estratégia digital.

Exemplo 1: na **Funcional Health Tech**, o lançamento de produtos digitais foi realizado no escritório do **Google em São Paulo**, criando uma experiência diferenciada para clientes e parceiros. Esse tipo de evento reforça o posicionamento inovador da empresa.

Exemplo 2: na **Ânima Educação**, o **Conecta Parceiros** é um encontro semestral que reúne fornecedores e parceiros para compartilhar o *roadmap* digital e explorar oportunidades de projetos. Esse evento também gera negócios para outras unidades, como **HSM/Singularity**[8], além de fomentar a frente acadêmica de parcerias em **unidades curriculares duais**[9], promovendo integração e inovação.

---

[8] <https://www.singularityubrazil.com/>.

[9] Disciplinas colaborativas ou módulos acadêmicos desenvolvidos e ministrados em parceria com outras instituições.

Resultados esperados:

- Fortalecimento da cultura organizacional, com foco em inovação e colaboração.
- Redução de silos, maior integração entre áreas e impacto ampliado das iniciativas digitais.
- Engajamento de parceiros e colaboradores em uma estratégia digital compartilhada.

Esses ritos, ao endereçarem desafios culturais específicos, promovem mudanças concretas e sustentáveis no ambiente corporativo.

Confira a seguir uma tabela que resume os desafios culturais, as práticas recomendadas e os resultados esperados.

Tabela 5. Desafios culturais.
Fonte: o autor.

Desafio cultural	Práticas Recomendadas	Resultados Esperados
Não reconhecer o impacto da tecnologia	*Workshops* com provedores, *benchmarks* de setores em disrupção, eventos de inovação e engajamento.	Liderança mais consciente do impacto tecnológico, alinhamento estratégico reforçado e maior senso de urgência.
Resistência em participar da estratégia	PDCA Executivo trimestral, *sponsors* internos, colideranças TI-negócio, matriz de digitalização.	Maior integração entre áreas, decisões mais rápidas e *accountability* compartilhada.
Excesso de conservadorismo	Fundos internos de inovação, métricas de longo prazo (como DORA), portfólio equilibrado entre eficiência e inovação.	Maior disposição para testar novos modelos, equilíbrio entre operação e disrupção, mitigação da obsolescência.
Baixo engajamento da liderança	Balanços mensais (como relatórios tecnológicos), reuniões de tecnologia no conselho, fóruns como *Demo Days*.	Aumento do patrocínio da alta liderança e iniciativas digitais vistas como prioridade estratégica.
Baixa tolerância a falhas	*Post-mortems*, iterações rápidas, celebração de experimentos (como a Baratona na Funcional), observabilidade (Sinais Vitais).	Ambiente mais inovador, maior aprendizado organizacional, menos medo de errar.

Como aplicar na prática

- **Diagnóstico inicial:** identifique os desafios culturais mais presentes na organização, considerando o impacto em projetos digitais e de inovação.

- **Seleção de práticas:** escolha soluções alinhadas à maturidade organizacional e à capacidade de implementação, priorizando aquelas que oferecem resultados tangíveis no curto e médio prazo.
- **Plano de ação:** associe cada desafio a práticas recomendadas e resultados esperados claros.
- **Acompanhamento:** monitore avanços com indicadores específicos, como a **Matriz de Digitalização** ou métricas de longo prazo, ajustando o plano conforme necessário para refletir aprendizados e novas prioridades.

Ao integrar a lógica da equação **D x V x P > R** na aplicação das práticas recomendadas, os líderes podem equilibrar desconforto, visão e processo para superar resistências e criar um ambiente propício à transformação.

Os desafios culturais de ser o sucessor em projetos de transformação

Assumir a liderança de um projeto ou uma iniciativa de transformação digital já em andamento exige inteligência emocional, visão estratégica e capacidade de adaptação a um cenário previamente moldado por outra liderança. O artigo da Betânia Tanure, A *difícil arte de ser o sucessor em qualquer projeto* (2023), oferece *insights* valiosos sobre como navegar essas complexidades e sugere abordagens estruturadas que combinam clareza de propósito, equilíbrio nas decisões e gestão cuidadosa da equipe e do legado deixado.

Compreendendo o contexto e o propósito

O primeiro passo ao assumir o comando de um projeto é entender profundamente o contexto e o propósito que sustentam sua nova posição. Por que você foi escolhido? Quais são as expectativas da organização? Essa clareza é essencial para alinhar decisões ao objetivo maior, evitando ações precipitadas ou desconectadas da realidade organizacional.

Embora seja tentador querer imprimir sua marca imediatamente, alterar tudo de forma abrupta pode ser prejudicial e um sinal de imaturidade. É preciso equilibrar o "as is" (o estado atual) com o "should be" (o estado desejado), analisando criticamente o que deve ser preservado, ajustado ou eliminado.

Retirar, renovar e reforçar: aplicando os 3Rs

Tanure (2023) sugere a metodologia dos 3Rs:

- **Retirar:** eliminar práticas, processos ou estruturas que não agregam valor ao projeto ou que são incompatíveis com os objetivos futuros.
- **Renovar:** atualizar elementos que têm potencial, mas que precisam ser ajustados ao novo momento da organização.
- **Reforçar:** identificar o que já funciona bem e fortalecer esses aspectos, mesmo que sejam legados da liderança anterior.

Esses princípios se aplicam tanto a estratégias e processos quanto à gestão de equipes. A escolha de colaboradores deve priorizar competências técnicas e comportamentais, evitando favoritismos ou alianças pessoais que possam comprometer a execução.

Governança e suporte organizacional

A relação entre o sucessor e o sucedido é outro ponto crítico. Ela deve ser conduzida com diplomacia e respeito, evitando conflitos ou disputas que desestabilizem a equipe e desacreditem o projeto. Além disso, o sucesso de um novo líder muitas vezes depende de uma governança robusta, preferencialmente vinculada ao conselho de administração.

Esse modelo de governança legitima as decisões estratégicas do sucessor e mitiga riscos, especialmente em áreas sensíveis como segurança da informação, proteção de dados e *compliance*.

O papel do *assessment*

Como discutido no Capítulo 3, um *assessment* inicial das capacidades digitais e organizacionais é um recurso essencial para quem assume uma nova liderança. Ele oferece uma visão objetiva do ponto de partida e permite alinhar expectativas com *stakeholders* internos, como o conselho de administração e a liderança executiva, além de fornecer parâmetros de comparação com o mercado e os pares da indústria.

Um *assessment* independente garante imparcialidade e evita que o novo líder crie uma "falsa visão de estado da arte", ignorando lacunas críticas que precisam ser tratadas. Ele também é uma ferramenta valiosa para priorizar ações, orientar investimentos e estabelecer uma base para avanços futuros.

Encerrando os desafios culturais e avançando para a estratégia digital

Liderar projetos de transformação vai muito além das responsabilidades técnicas; exige inteligência emocional, análise crítica e comprometimento profundo com os objetivos organizacionais. Os desafios culturais, como os de assumir uma liderança sucessora, requerem abordagens estruturadas como os 3Rs e ferramentas práticas, como o *assessment* inicial, para garantir clareza e eficácia na condução do trabalho.

Ao alinhar visão estratégica e resultados coletivos, o líder pode superar barreiras culturais e técnicas e assegurar que o projeto não apenas mantenha seu curso, mas alcance novos níveis de impacto e relevância para a organização. Como Betânia Tanure (2023) destaca: "tenha a coragem de analisar a si mesmo e o cenário ao seu redor, sempre com integridade e propósito".

Com os desafios culturais devidamente mapeados e ações estruturadas para superá-los, é hora de dar o próximo passo. No capítulo seguinte, abordaremos a definição da estratégia digital e de inteligência artificial, que será o alicerce para conectar visão, objetivos e execução na jornada de transformação organizacional. ■

“É preciso equilibrar o “as is” (o estado atual) com o “should be” (o estado desejado).”

CAPÍTULO 06

DEFINIÇÃO DA ESTRATÉGIA DIGITAL E DE IA

Nenhuma estratégia digital nasce isolada. Para que a transformação digital e a adoção da inteligência artificial (IA) sejam bem-sucedidas, é essencial que estejam **integradas à estratégia corporativa**.

A empresa precisa partir de alguns pilares: sua identidade, seu posicionamento e seus objetivos estratégicos. Ao mesmo tempo, precisa incorporar as inovações tecnológicas que podem aumentar sua competitividade. O ponto de convergência entre esses dois mundos – **a visão estratégica do negócio e as possibilidades oferecidas pelas novas tecnologias** – é onde se define uma **estratégia digital e de IA bem estruturada**.

A figura a seguir ilustra essa interseção e demonstra como a estratégia digital e de IA surge da fusão entre **a estratégia corporativa** (o que a empresa é e deseja se tornar) e **as tecnologias emergentes** (o que pode ser adotado para acelerar essa jornada).

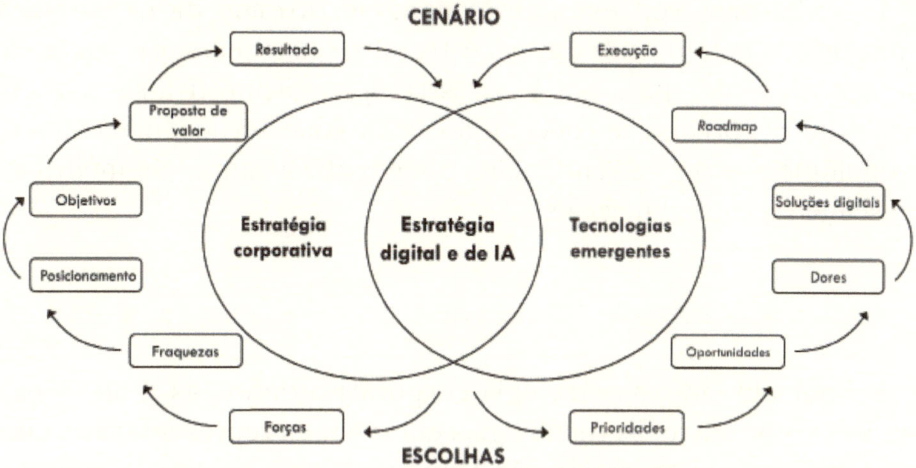

Figura 7. Estratégia digital e de IA.
Fonte: o autor.

A estratégia corporativa como ponto de partida

Segundo Mintzberg, Ahlstrand e Lampel, no livro *Safári da estratégia* (2010), **estratégia não é um conceito único e fixo, mas um processo dinâmico, construído ao longo do tempo por meio de padrões de comportamento, aprendizado e adaptação**. Algumas empresas têm sua estratégia claramente definida, enquanto outras a descobrem na prática, ao longo de sua jornada.

Dentro dessa lógica, cada organização parte de um conjunto único de elementos para formar sua estratégia corporativa:

- **Forças e fraquezas:** toda empresa tem capacidades que a diferenciam no mercado, mas também enfrenta desafios estruturais que precisam ser superados.
- **Posicionamento:** como a empresa se diferencia? Em que segmentos do mercado ela quer competir?
- **Objetivos estratégicos:** qual é a visão de longo prazo? Aonde a organização pretende chegar nos próximos anos?
- **Proposta de valor:** o que realmente entrega para clientes e *stakeholders*? Como ela cria impacto e gera vantagem competitiva?
- **Resultados esperados:** quais métricas de sucesso guiam as decisões estratégicas e operacionais?

Esses fatores representam o **cenário interno da organização**, influenciado por sua cultura, sua estrutura, seus recursos e seu modelo de negócios. Mas para que essa estratégia corporativa se mantenha relevante, ela precisa se conectar ao ambiente externo, onde mudanças tecnológicas e novas tendências podem abrir caminhos inéditos de crescimento e diferenciação.

O papel das tecnologias emergentes

Se, por um lado, a estratégia corporativa define as aspirações da empresa, por outro, as tecnologias emergentes representam **os meios para acelerar sua concretização**. Sem uma leitura precisa das inovações que surgem no mercado, as organizações correm o risco de estagnar, enquanto concorrentes mais ágeis capturam valor por meio de novas soluções digitais.

As tecnologias emergentes trazem consigo uma série de elementos que precisam ser analisados estrategicamente:

- **Dores e oportunidades:** quais problemas críticos podem ser resolvidos com tecnologia? Como as inovações podem ser exploradas para gerar vantagem competitiva?
- **Soluções digitais:** quais ferramentas e plataformas estão disponíveis para suportar a transformação digital?
- **Prioridades estratégicas:** diante de tantas possibilidades, quais inovações realmente fazem sentido para o modelo de negócio?
- ***Roadmap*:** como estruturar a adoção dessas tecnologias ao longo do tempo, garantindo alinhamento com a estratégia organizacional?
- **Execução:** como transformar planos em ações concretas que entreguem valor e impactem os resultados da empresa?

Esses fatores representam o **cenário externo**, formado por tendências de mercado, avanços tecnológicos e mudanças regulatórias. A velocidade com que novas tecnologias se tornam *mainstream* exige que as organizações estejam preparadas para adaptar suas estratégias continuamente.

O equilíbrio entre estratégia e tecnologia

A **estratégia digital e de IA nasce da interseção dessas duas dimensões** – o direcionamento da empresa e as oportunidades tecnológicas. Para esse equilíbrio, algumas medidas são necessárias:

1. **Garantir que a tecnologia esteja a serviço do negócio**, e não o contrário. Adotar novas soluções sem um alinhamento estratégico claro pode levar a investimentos desconectados dos objetivos reais da empresa.

2. **Ser pragmático na escolha das tecnologias.** Nem toda inovação deve ser adotada. A priorização precisa considerar impacto, viabilidade e integração com a estrutura existente.
3. **Criar um *roadmap* realista.** Transformação digital não acontece da noite para o dia. A adoção de IA e outras tecnologias precisa ser planejada em fases, garantindo que a organização absorva as mudanças de maneira sustentável.
4. **Manter a estratégia viva.** Assim como Mintzberg, Ahlstrand e Lampel (2010) apontam que estratégia é aprendizado e adaptação, a estratégia digital e de IA também precisa evoluir continuamente. O que hoje é vanguarda, amanhã pode se tornar padrão – e a empresa precisa estar sempre pronta para o próximo passo.

Dessa forma, a construção da estratégia digital e de IA não é um processo estático, mas um caminho de **aprendizado, adaptação e execução estratégica**. Os próximos tópicos deste capítulo detalham como estruturar essa jornada em fases bem definidas, garantindo que as decisões tecnológicas estejam sempre alinhadas com os objetivos de negócio.

Definição e execução da estratégia digital e de IA

Como discutido anteriormente, a estratégia digital e de IA nasce da **interseção entre a estratégia corporativa e as oportunidades proporcionadas pelas tecnologias emergentes**. No entanto, essa interseção precisa ser traduzida em um processo estruturado, que garanta que a inovação não ocorra de forma aleatória, mas de maneira alinhada às prioridades do negócio.

Para isso, utilizamos um modelo baseado em **oito passos fundamentais**, que se desdobram a partir do *framework* da McKinsey, apresentado no Capítulo 3 sobre *assessment* de capacidades digitais. Esse modelo não apenas orienta a definição da estratégia, mas também sua implementação e governança contínua.

A figura a seguir ilustra esses oito passos, dividindo-os em duas grandes fases:

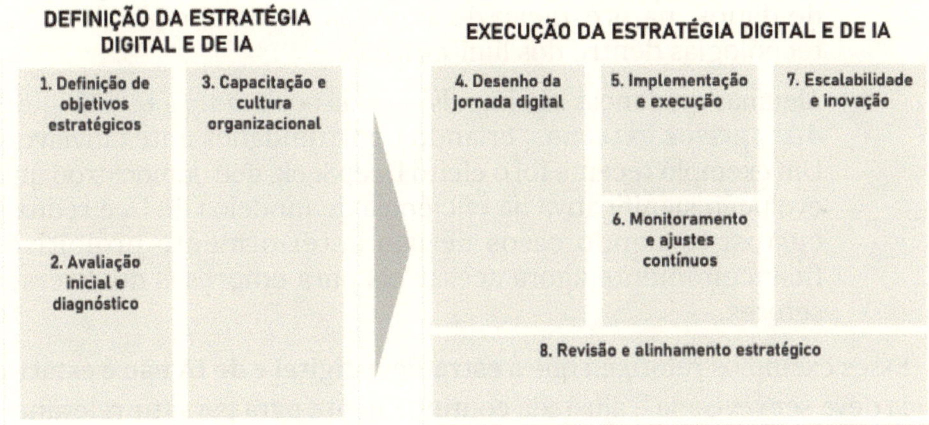

Figura 8. Oito passos para definir e executar a estratégia digital e de IA.
Fonte: adaptado de Lamarre, Smaje e Zemmel (2023).

1. Definição da estratégia digital e de IA – Composta pelos três primeiros passos, esta fase estabelece as bases da transformação digital, garantindo clareza estratégica, um diagnóstico robusto e a capacitação da organização para absorver as mudanças.

2. Execução da estratégia digital e de IA – Os cinco passos seguintes tratam da implementação, dos ajustes contínuos e da evolução da estratégia para garantir que ela gere impacto real e sustentável.

Embora a estrutura de oito passos possa sugerir um processo linear, é importante reforçar que **a última etapa, "Revisão e Alinhamento Estratégico", não é um ponto final, e sim o que retroalimenta o ciclo**. Essa revisão pode ocorrer de forma periódica – por exemplo, anualmente – ou ser antecipada diante de eventos internos, setoriais ou externos que exijam um ajuste na estratégia digital.

Eventos que demandam ajustes estratégicos:

- **Mudanças internas na liderança** frequentemente trazem novas direções estratégicas. Enquanto liderança de tecnologia, vivenciei a troca de CEO nas minhas três últimas empresas, incluindo a própria Ânima, com a chegada da Paula Harraca à presidência. Em cada uma dessas transições houve necessidade de **revisar prioridades e alinhar a estratégia digital à nova visão da empresa**.

- **Exigências legais e regulamentações setoriais**, como em educação, onde a Ânima está inserida, e na saúde, onde atuei anteriormente, podem **impor ajustes de rota**, seja na proteção de dados, na prestação de serviços ou na adoção de novas tecnologias dentro dos limites legais.
- Algumas mudanças são impulsionadas por **avanços tecnológicos disruptivos externos**, criando oportunidades antes inviáveis. Um exemplo recente foi o efeito DeepSeek, que demonstrou uma evolução significativa na eficiência de modelos de IA e reduziu custos, tornando casos de uso anteriormente proibitivos financeiramente agora acessíveis para empresas de diversos setores.

Esses exemplos reforçam que **a estratégia digital e de IA não é estática** – ela deve ser revisada e ajustada continuamente para garantir relevância e impacto. Nos próximos tópicos, vamos detalhar cada um dos oito passos para estruturar e executar essa estratégia com sucesso.

Os oito passos da definição e execução da estratégia digital e IA

Fase 1 – Definição da estratégia digital e de IA

Esta fase combina três elementos fundamentais: uma visão clara dos objetivos estratégicos, um diagnóstico bem estruturado das capacidades digitais e a capacitação da organização para viabilizar a transformação.

1. Definição de objetivos estratégicos

Trata-se de garantir que a estratégia digital e de IA esteja alinhada às prioridades da empresa. Este passo exige clareza sobre o impacto esperado da transformação digital e como ela pode gerar valor tanto em eficiência operacional quanto em inovação.

Na Ânima Educação, por exemplo, definimos como objetivo estratégico para a transformação digital e de IA a implementação de uma jornada digital integrada, que proporcionasse:

- mais eficiência operacional;
- melhoria na experiência do estudante;

- autosserviço mais robusto, com fluxos digitalizados e demandas antecipadas.

Isso resultou na priorização de investimentos na melhoria dos canais digitais e plataformas, garantindo que os serviços acadêmicos e administrativos estivessem disponíveis de forma ágil e intuitiva para os estudantes.

2. Avaliação inicial e diagnóstico

Este passo já foi abordado conceitualmente no Capítulo 3, onde discutimos a importância do *assessment* de capacidades digitais para compreender o estágio atual da organização.

Na Ânima Educação, esse diagnóstico nos ajudou a priorizar a simplificação da plataforma de dados, eliminando redundâncias e ineficiências na engenharia de dados, melhorando a governança de acesso e uso das ferramentas de visualização de dados e aumentando a adoção dos modelos de ciência de dados. Um dos principais avanços foi integrar os modelos analíticos ao CRM, permitindo que *insights* preditivos fossem utilizados diretamente pelas equipes de atendimento e relacionamento.

3. Capacitação e cultura organizacional

A transformação digital e de IA não acontece sem as pessoas. Como explorado nos capítulos 4 e 5, a capacitação contínua e a cultura organizacional são fatores habilitadores essenciais para garantir a adoção efetiva das tecnologias.

Na Ânima, a recorrência dos ritos de capacitação, comunicação e aprendizado contínuo tem sido um fator determinante para a consolidação e evolução dessa jornada. Isso garante que as novas práticas não fiquem restritas a um projeto isolado, mas sejam incorporadas à cultura organizacional de forma orgânica.

A estratégia digital e de IA da Ânima Educação

A definição da estratégia digital e de IA da Ânima Educação pode ser sintetizada através da figura a seguir. Esse modelo evidencia o propósito central da estratégia: **impulsionar o sucesso do estudante**, colocando a jornada digital como o principal viabilizador desse objetivo.

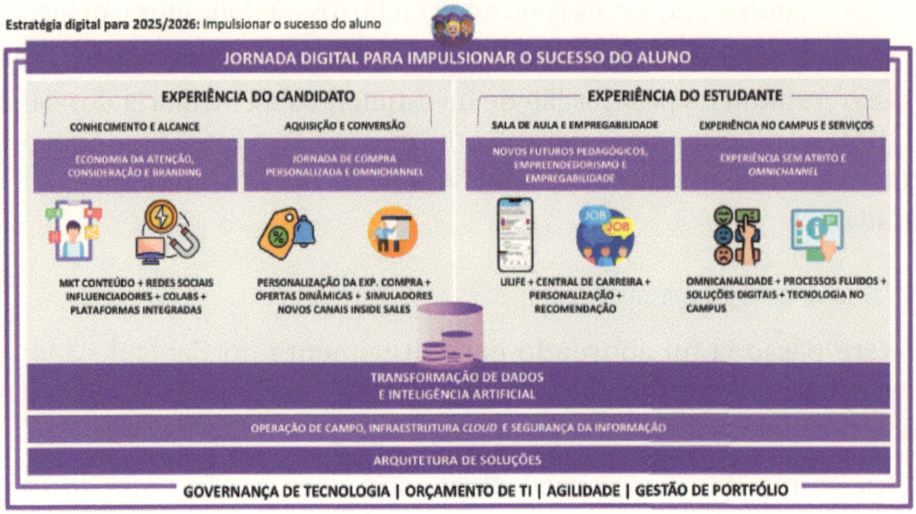

Figura 9. Jornada digital.
Fonte: o autor.

A figura estrutura essa jornada a partir de dois grandes momentos de interação:

- **Experiência do candidato**, que abrange:
    - **Conhecimento e alcance:** estratégias de marketing de conteúdo, redes sociais, influência digital e plataformas colaborativas.
    - **Aquisição e conversão:** personalização da experiência de compra, ofertas dinâmicas, simuladores e canais *omnichannel* para captação de novos alunos.
- **Experiência do estudante**, que contempla:
    - **Sala de aula e trabalhabilidade:** inovação pedagógica, central de carreiras e recomendações personalizadas para empregabilidade.
    - **Experiência no campus e serviços:** omnicanalidade, processos fluidos, soluções digitais e tecnologia integrada no campus para facilitar a jornada acadêmica.

Abaixo desses blocos, são destacadas as iniciativas que sustentam essa jornada digital:

- **Transformação de dados e inteligência artificial:** garante que as decisões e interações sejam baseadas em *insights* e personalização.
- **Operação de campo, infraestrutura *cloud* e segurança da informação:** proveem a base tecnológica necessária para a escalabilidade e a confiabilidade dos serviços digitais.
- **Arquitetura de soluções:** integra tecnologias de maneira coesa e escalável.
- **Governança de tecnologia, orçamento de TI, agilidade e gestão de portfólio:** asseguram que as iniciativas digitais estejam alinhadas com as prioridades estratégicas da organização.

Essa estrutura sintetiza o trabalho de todo o time de tecnologia e *mindset* digital da Ânima em uma lógica de **jornada e momentos de integração do cliente**, para que cada ponto de contato com candidatos e estudantes seja otimizado e proporcione a melhor experiência. Afinal, **se o estudante desiste do curso, falhamos em nossa proposta de valor**.

A transformação digital não está centrada em uma única tecnologia, mas na **combinação estratégica de tecnologias, processos e pessoas** para criar valor de forma consistente. **Mais adiante, detalharemos a metodologia utilizada em projetos de IA generativa** e exploraremos como ela pode aprofundar essa jornada digital.

Fase 2 - Execução da estratégia digital e de IA

A execução da estratégia envolve transformar o planejamento em ações práticas para a tecnologia gerar valor real para o negócio. Os próximos cinco passos detalham esse processo e serão abordados nos capítulos seguintes do livro.

EXECUÇÃO DA ESTRATÉGIA DIGITAL E DE IA

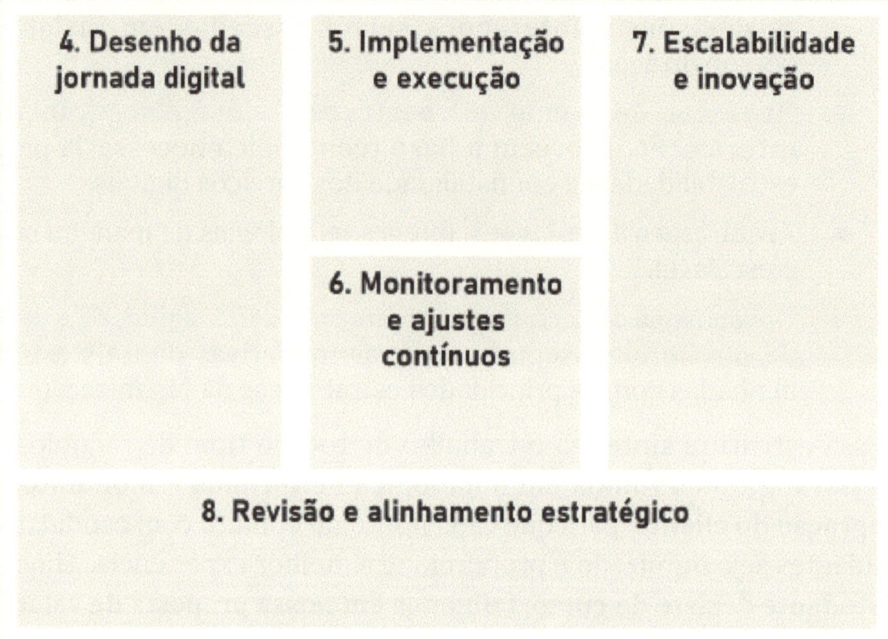

Figura 10. Execução da estratégia digital e de IA.
Fonte: o autor.

4. Desenho da jornada digital

Transformar a estratégia digital e de IA em experiências concretas para clientes, usuários e *stakeholders* exige um planejamento cuidadoso da jornada digital. Esse desenho deve garantir que cada ponto de contato ofereça eficiência, fluidez e personalização, equilibrando tecnologia e interação humana.

No contexto da Ânima Educação, essa abordagem está diretamente conectada à experiência do estudante. A jornada digital precisa reduzir atritos, antecipar demandas e garantir que o aluno tenha o suporte necessário em sua trajetória acadêmica, da captação até a sua empregabilidade. Para isso, um dos pilares centrais dessa construção é a estratégia de *omnichannel* ("omnicanalidade"), de forma que cada interação – seja em canais digitais ou presenciais – aconteça de maneira fluida e integrada.

A IA generativa amplia a capacidade de personalização e automação das interações. Um exemplo disso é a evolução da plataforma de atendimento *omnichannel* da Ânima, que permitiu a implementação de *chatbots* avançados baseados em LLMs (*Large Language Models*). Combinados com a técnica de RAG (*Retrieval-Augmented Generation*), esses *chatbots* conseguem acessar bases de dados institucionais em tempo real e oferecer respostas mais contextualizadas para o estudante. Essas interações são registradas e unificadas no CRM, permitindo uma visão contínua do relacionamento com cada aluno e gerando insumos para estratégias preditivas, como modelos de *machine learning* para antecipação de evasão.

Contudo, é importante reforçar que o sucesso dessa jornada digital não depende apenas da implementação de novas tecnologias, mas da combinação de tecnologia, processos e pessoas. Nesse sentido, o conceito de "human in the loop" deve ser considerado desde a concepção dos fluxos, para que momentos críticos de atendimento – como suporte acadêmico e financeiro – mantenham um grau adequado de interação humana, ao mesmo tempo em que soluções de autosserviço reduzem o esforço operacional e melhoram a experiência do estudante.

Outro fator determinante para o sucesso da jornada digital é a disciplina na implementação da estratégia tecnológica. Em vez de adotar soluções isoladas, como *chatbots* independentes que comprometem a fluidez da experiência, a Ânima priorizou uma arquitetura integrada. Assim, a evolução dos canais de atendimento seguiu um plano estruturado que possibilitou um ganho significativo na coesão da experiência digital, refletindo diretamente no engajamento e na retenção dos alunos.

Um exemplo prático pode ser observado em um projeto voltado para a melhoria da plataforma de oferta de estágios e vagas de trabalho para estudantes. A iniciativa não se limitou à implementação de um *marketplace* de vagas, mas levou em conta toda a jornada do estudante relacionada à sua empregabilidade. Como ilustrado na figura a seguir, essa jornada compreende diferentes momentos, desde o ensino médio até a educação continuada, passando pelo ensino superior e a inserção no mercado de trabalho. O escopo do projeto incluiu a digitalização da oferta de vagas e a integração com componentes curriculares, atividades de extensão acadêmica e uma camada robusta de dados para medir e aprimorar a empregabilidade dos alunos.

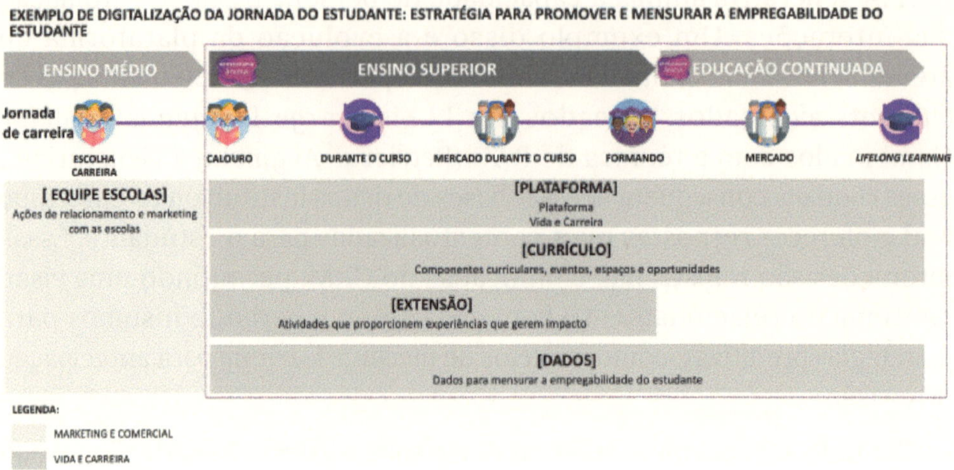

Figura 11. Exemplo de digitalização da jornada do estudante. Fonte: o autor.

Esse exemplo reforça a importância de enxergar a jornada digital de forma holística, considerando diferentes frentes que se complementam para gerar impacto real. A mesma lógica pode ser aplicada em outros setores. Em saúde, por exemplo, um projeto similar poderia mapear a jornada do paciente, integrando prontuários eletrônicos, agendamento *on-line* e telemedicina para oferecer um atendimento mais fluido e eficiente. No varejo, a experiência de compra *omnichannel* pode ser aprimorada a partir do uso de dados para prever demandas e otimizar estoques.

Independentemente do setor, a jornada digital deve ser desenhada para garantir que cada ponto de contato com o usuário agregue valor, impulsionando a experiência e a eficiência operacional. O desafio está em equilibrar inovação com pragmatismo e alinhar cada nova iniciativa aos objetivos estratégicos da organização para obter um impacto mensurável.

5. Implementação e execução

Para garantir que novas soluções sejam integradas de maneira eficaz, adotamos uma metodologia baseada em **duas grandes fases**: um **ambiente controlado**, onde exploramos o potencial da tecnologia de maneira experimental, e um **ambiente produtivo**, onde avançamos para testes com usuários e produção em larga escala.

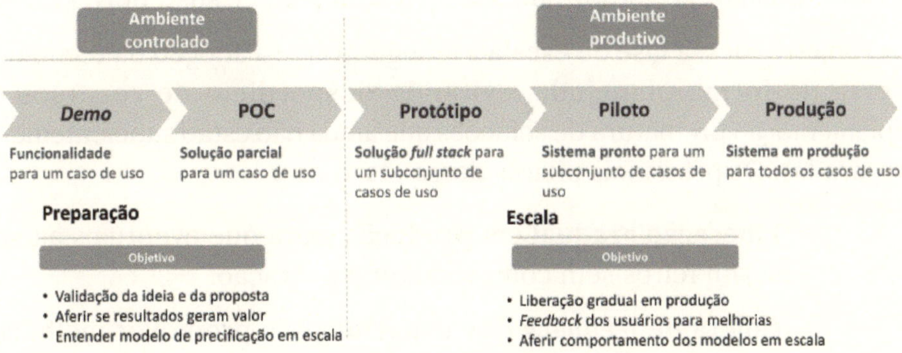

Figura 12. Fases de ambiente controlado e ambiente produtivo.
Fonte: o autor.

No **ambiente controlado**, conduzimos duas etapas iniciais:

- **Demo:** criamos uma funcionalidade específica para um caso de uso para que os *stakeholders* avaliem rapidamente seu potencial e seus benefícios.
- **POC (*Proof of Concept* – Prova de conceito):** expandimos a análise para uma solução parcial e validamos a viabilidade técnica aferindo se os resultados geram valor real para o negócio.

O objetivo dessa fase de **preparação** é responder a três perguntas fundamentais:

1. A ideia e a proposta fazem sentido dentro da estratégia da organização?
2. Os resultados iniciais indicam que a solução pode gerar valor sustentável?
3. O modelo de precificação é viável quando escalado?

Caso a resposta para essas questões seja positiva, a iniciativa avança para o **ambiente produtivo**, onde seguimos para três novas etapas:

- **Protótipo:** desenvolvemos uma solução completa (*full stack*) para um subconjunto de casos de uso, permitindo um primeiro teste estruturado.
- **Piloto:** implementamos a solução para um grupo maior de usuários e coletamos *feedback* detalhado para refinar a abordagem.

- **Produção:** expandimos a solução para todos os casos de uso aplicáveis, garantindo sua operação plena e sustentável.

O objetivo dessa fase de **escala** é assegurar que a adoção da tecnologia ocorra de forma planejada, evitando desperdício de recursos ou implementação prematura de soluções que ainda não estão suficientemente preparadas. Os principais pilares dessa etapa são:

1. **Liberação gradual em produção**, para que eventuais ajustes sejam feitos sem comprometer a operação.
2. **Coleta de *feedback* dos usuários** para promover melhorias contínuas.
3. **Aferição do comportamento da solução em escala** para ajustes finos na performance, nos custos e na governança da tecnologia.

Vale destacar que, para uma iniciativa entrar nessa esteira de implementação, ela já deve ter passado pelas fases anteriores da estratégia digital e de IA, tendo sido priorizada no *roadmap*. Isso evita que esforços sejam direcionados para projetos desalinhados com os objetivos do negócio. A composição do portfólio de iniciativas e casos de uso de IA, que antecede a priorização e entrada no *roadmap*, será abordada no Capítulo 8. Já a estruturação do *roadmap* digital e de IA, que define a linha do tempo de execução das iniciativas priorizadas, será explorada em maior profundidade no Capítulo 10.

Quando a solução não se prova promissora ainda no ambiente controlado, ela é descartada e não avança para as etapas seguintes, evitando investimentos desnecessários.

Outro ponto relevante é que temos utilizado incentivos oferecidos por provedores de IA generativa na nuvem para financiar *demos* e provas de conceito, ampliando nosso alcance de experimentação sem comprometer o orçamento. Esse pode ser um caminho útil para colegas que estejam enfrentando desafios semelhantes em suas indústrias, pois permite testar um maior número de casos antes de investir na escalabilidade.

Esse modelo garante que a implementação de IA generativa seja orientada por resultados, baseada em validação rigorosa e focada em maximizar valor para a organização. No próximo item, abordaremos como monitorar e ajustar continuamente essas iniciativas para garantir sua evolução e seu impacto sustentável.

6. Monitoramento e ajustes contínuos

Após a avaliação inicial e o diagnóstico, a definição dos objetivos estratégicos, o desenho da jornada digital, a promoção de uma sólida capacitação e cultura organizacional e a implementação de soluções de IA, chegamos à etapa de monitoramento e ajustes contínuos. Esse processo é fundamental para que as soluções desenvolvidas permaneçam eficazes, alinhadas aos objetivos do negócio e continuamente otimizadas.

Empresas que monitoram constantemente suas soluções de IA e ajustam seus modelos com base em dados reais e *feedbacks* dos usuários têm maior sucesso na captura de valor e mitigação de riscos. A pesquisa *The State of AI*, da McKinsey (QUANTUM BLACK, 2025), destaca que organizações que adotam uma abordagem estruturada de monitoramento e ajuste contínuo conseguem melhorar significativamente a acurácia dos modelos, reduzir custos operacionais e aumentar a confiabilidade das soluções.

Para garantir um acompanhamento eficaz, é importante definir métricas de avaliação da IA, conforme sugerido pelas melhores práticas de mercado. A tabela a seguir apresenta um resumo das principais métricas utilizadas para esse monitoramento.

Tabela 6. Métricas de avaliação de IA.
Fonte: o autor.

Categoria de métrica	Objetivo	Exemplo
Acurácia	Avaliar se a IA está fornecendo respostas corretas e relevantes.	Percentual de respostas corretas em testes de validação.
Tempo de resposta (*Latency*)	Medir a rapidez com que o sistema fornece respostas.	Tempo médio para gerar uma resposta (em milissegundos).
Custo operacional	Monitorar os gastos com serviços de IA na nuvem.	Despesas mensais com consumo de *cloud computing*.
Consistência	Garantir que os modelos ofereçam respostas uniformes em diferentes cenários.	Desvio padrão entre respostas em situações semelhantes.
Segurança e conformidade	Avaliar se o modelo está alinhado às diretrizes de segurança e governança.	Incidência de respostas inadequadas ou vieses detectados.

Com essas métricas, é possível detectar ineficiências, alucinações e outros problemas que comprometem a eficácia dos modelos de IA. Os dados coletados contribuem para a tomada de decisão, o ajuste dos modelos em operação e o alinhamento dos resultados aos objetivos estratégicos da organização.

Exemplos práticos

A implementação do Ulife Prep, um dos principais casos de uso do Ulife. AI, demonstra a importância do monitoramento contínuo. Desde o lançamento das versões Prep 1.0 e Prep 2.0, mais de 70 mil questões foram corrigidas e 500 professores passaram a utilizar a ferramenta. As métricas de acurácia foram fundamentais para garantir a qualidade e precisão das correções, enquanto as métricas de consistência asseguraram que os resultados fossem uniformes e confiáveis em diferentes aplicações da ferramenta.

Além disso, o uso da IA gerou redução expressiva de erros de avaliação e aumento da eficiência operacional, resultando em *savings* relevantes no orçamento de 2025. Esses resultados evidenciam como um ciclo estruturado de monitoramento e ajustes contínuos permite capturar valor real e sustentável das soluções de IA.

Outro exemplo é o **Ânima.AI**, uma plataforma interna desenvolvida com interface *open source* (**OpenWebUI**) e integrada a modelos de IA generativa disponíveis em serviços de nuvem (**Bedrock**). Essa iniciativa permitiu à empresa evitar a assinatura massiva de plataformas comerciais de IA generativa, como o **ChatGPT**, para colaboradores e professores. Estima-se que uma solução comercial custaria cerca de **R$ 9 milhões ao ano**, enquanto a plataforma desenvolvida internamente custa aproximadamente **R$ 200 mil reais**. Esse movimento estratégico reduziu custos e garantiu que o uso da IA fosse mais customizado às necessidades da organização (caso não seja viável desenvolver uma solução usando componentes *open source*, alternativas comerciais como a BoltAI[10] permitem reunir diversos modelos em uma única interface).

À medida que as soluções de IA são refinadas, é essencial comunicar o progresso e manter a transparência através de um *roadmap* atualizado, acompanhado por ritos periódicos de revisões de desempenho e reuniões de alinhamento. Integrar esses ritos aos processos existentes de transformação digital facilita a adaptação e a evolução contínua das iniciativas de IA.

Monitoramento além da IA generativa

Embora o foco principal deste capítulo seja a adoção e o monitoramento de IA generativa, essa mesma lógica se aplica a todas as iniciativas da estratégia digital. Projetos de modernização de legados, implementação de soluções ERP, desenvolvimento de aplicações especialistas, aprimoramento de canais digitais e todo o arcabouço da jornada digital integrada devem seguir esse mesmo princípio.

A estratégia digital da **Ânima Educação** compreende diferentes domínios de negócio priorizados a partir dos seus objetivos estratégicos. Assim, o monitoramento contínuo precisa ser feito em todo o programa de transformação digital, não apenas nas iniciativas de IA.

---

10 <https://boltai.com/>.

O Capítulo 9 ("Elaboração de Business Cases") mostrará como justificar investimentos em IA e transformação digital com base em métricas claras e retornos esperados. Dessa forma, eventuais ajustes poderão ser feitos e fundamentados a partir da geração de novos business cases, garantindo que a estratégia digital e de IA evolua de forma consistente e orientada por resultados.

7. Escalabilidade e inovação

Os projetos bem-sucedidos precisam ser expandidos para alcançar toda a organização, garantindo que a transformação digital não fique restrita a pilotos ou experimentos isolados. Isso é particularmente relevante no tema de IA generativa, onde muitas empresas avançaram rapidamente em múltiplos pilotos e provas de conceito, utilizando o volume de iniciativas como um indicador de maturidade. No entanto, o verdadeiro critério de sucesso não está na quantidade de experimentos realizados, mas no valor gerado pelas iniciativas que efetivamente chegam à escala.

Na Ânima Educação, tenho acompanhado de perto esse desafio. Quando iniciamos nossas iniciativas de IA generativa, testamos diferentes aplicações, desde assistentes virtuais para atendimento até automação de processos internos. No entanto, percebemos que escalar essas soluções exigia um olhar crítico sobre custo, governança e impacto real no dia a dia das pessoas. Muitas empresas criaram funis de inovação com a "boca larga" – iniciando dezenas de experimentos, mas conseguindo escalar muito pouco. Aprendemos que o foco deve estar menos na quantidade de iniciativas e mais na qualidade daquelas que conseguem gerar valor real e sustentável.

Um dos exemplos mais concretos foi a nossa decisão sobre como escalar uma ferramenta de produtividade análoga ao ChatGPT. Em vez de adotarmos uma solução comercial com licenciamento pré-pago, que poderia rapidamente se tornar inviável financeiramente, optamos por uma abordagem flexível baseada em componentes *open source* conectados a agregadores de modelos em nuvem, o que nos permitiu escolher a cada momento o provedor de IA com melhor custo-benefício, pagando apenas pelo uso efetivo dos *tokens* consumidos. Dessa forma, conseguimos aumentar o acesso à IA dentro da organização sem comprometer o orçamento, com um custo fixo de US$ 20 por usuário. Em empresas com mais de mil colaboradores, essa abordagem pode representar uma economia significativa, já que a conta facilmente ultrapassaria **R$ 1 milhão por ano** caso fôssemos pelo caminho tradicional de licenciamento.

Escalabilidade, portanto, não se resume à adoção crescente de uma tecnologia, mas à capacidade de expandir o uso sem comprometer a sustentabilidade econômica e operacional. No **Capítulo 10 ("Elaboração do um *roadmap* digital e de IA")**, explorarei como estruturar um plano estratégico para garantir que a inovação se transforme em impacto real para o negócio e que as iniciativas mais promissoras não apenas sobrevivam aos pilotos, mas se consolidem como diferenciais competitivos de longo prazo.

8. Revisão e alinhamento estratégico

A estratégia digital e de IA não pode ser estática. Ela precisa ser revisada e ajustada continuamente para garantir alinhamento com as necessidades do negócio, a evolução do mercado e o impacto das novas tecnologias. Mudanças internas, como uma nova liderança, podem trazer novas perspectivas estratégicas, enquanto fatores setoriais e externos, como regulamentações e avanços tecnológicos, exigem adaptações ágeis para capturar oportunidades e mitigar riscos.

Na Ânima Educação, a chegada da **Paula Harraca** à posição de CEO reforçou essa necessidade de ajuste contínuo. O propósito de **impulsionar**

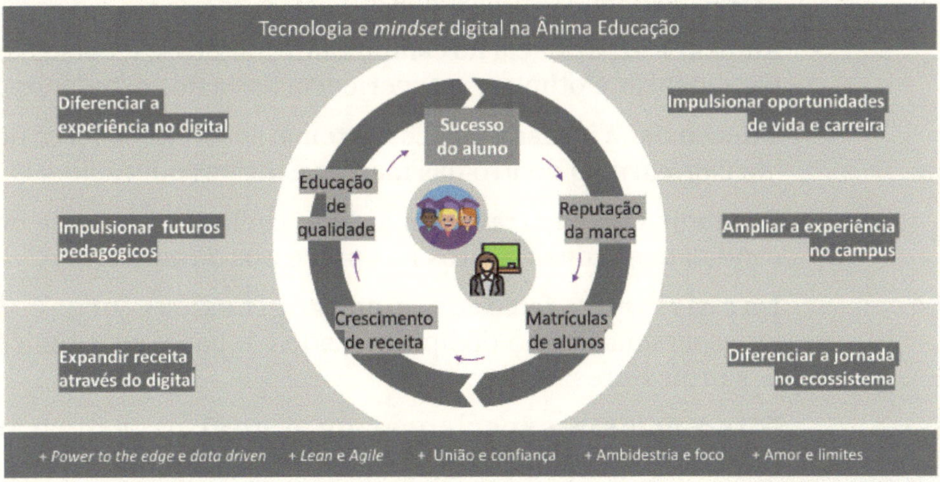

Figura 13. Tecnologia e *mindset* digital na Ânima Educação.
Fonte: o autor.

Essa abordagem renovada trouxe **dois grandes conjuntos de diretrizes**:

- **Elementos fundacionais** (representados na parte de baixo da figura) que fortalecem a cultura organizacional e a execução da estratégia:
    - ***Power to the edge* e *data driven*:** descentralizar decisões e fortalecer a autonomia nas pontas, garantindo que o uso de dados seja um diferencial estratégico.
    - ***Lean* e *agile*:** implementar iniciativas de maneira mais enxuta, rápida e flexível, reduzindo desperdícios e acelerando ciclos de aprendizado.
    - **União e confiança:** reformulação e criação de ritos organizacionais para aumentar a colaboração e o engajamento.
    - **Ambidestria e foco:** equilibrar o presente e o futuro com um *roadmap* que contemple iniciativas incrementais e transformacionais.
    - **Amor e limites:** estimular conversas francas e transparentes, criando um ambiente de alta performance e confiança.
- **Diretrizes estratégicas para a execução da transformação digital e de IA**, para que cada iniciativa contribua diretamente para o sucesso do aluno:
    - **Impulsionar oportunidades de vida e carreira:** expandir conexões e soluções voltadas à empregabilidade e ao desenvolvimento profissional.
    - **Ampliar a experiência no campus:** integrar novas tecnologias para mapear e otimizar a experiência física dos estudantes.
    - **Diferenciar a jornada no ecossistema:** aproveitar a força do *lifelong learning* dentro das marcas e ofertas educacionais.
    - **Expandir receita através do digital:** melhorar a jornada do candidato e reduzir atritos nos processos de aquisição.
    - **Impulsionar futuros pedagógicos:** reforçar a hiperpersonalização do aprendizado e o papel estratégico dos professores.
    - **Diferenciar a experiência no digital:** transformar radicalmente o **Ulife** e torná-lo a melhor plataforma digital de aprendizado.

A revisão estratégica garante a aderência ao propósito organizacional, refina prioridades e otimiza a execução da transformação digital.

No **Capítulo 11 ("Adoção de indicadores de mensuração de resultados")**, exploraremos como estruturar um sistema de **monitoramento contínuo**, assegurando que a estratégia digital evolua de forma *data-driven*, sempre fundamentada em métricas claras.

Independentemente do setor de atuação, o princípio de **revisão e alinhamento estratégico contínuo** é essencial para que a transformação digital e a adoção de IA permaneçam relevantes e alinhadas às necessidades do negócio. Mudanças na liderança, novas regulamentações ou avanços tecnológicos exigem que as empresas revisitem suas estratégias, reforcem seus propósitos e façam ajustes para capturar novas oportunidades. Assim como a Ânima redefiniu sua estratégia digital para impulsionar o sucesso do aluno, outras organizações podem se beneficiar de uma abordagem similar, garantindo que suas iniciativas estejam sempre conectadas ao valor gerado para clientes, colaboradores e demais *stakeholders*. O desafio não está apenas na adoção de novas tecnologias, mas na construção de um ***mindset* organizacional adaptativo**, que permita evoluir continuamente e transformar inovação em impacto real.

Conclusão: um processo contínuo de evolução

A definição e execução da estratégia digital e de IA não são iniciativas com um ponto final bem definido, mas um **processo contínuo de aprendizado, ajustes e evolução**. A cada revisão estratégica (seja por fatores internos, como mudanças na liderança, setoriais, como novas regulamentações, ou externos, como avanços tecnológicos disruptivos), o ciclo se retroalimenta, deixando a organização sempre à frente.

Para que essa estratégia se transforme em realidade e gere impacto sustentável, é essencial contar com **uma estrutura para sua execução**. Sem um modelo operacional robusto, mesmo a melhor visão estratégica pode se perder em esforços fragmentados e desalinhados com os objetivos do negócio.

No próximo capítulo, exploraremos a estruturação do programa de transformação digital e IA e abordaremos os componentes essenciais para garantir governança eficiente, ritos de gestão bem definidos, adoção de métodos ágeis e um modelo operacional que equilibre eficiência e flexibilidade. A organização conseguirá então implementar a estratégia de forma estruturada e se adaptar continuamente às mudanças do mercado e às inovações tecnológicas, consolidando a transformação digital como um pilar estratégico do negócio. ■

“O desafio não está apenas na adoção de novas tecnologias, mas na construção de um *mindset* organizacional adaptativo, que permita evoluir continuamente e transformar inovação em impacto real.”

CAPÍTULO 07

ESTRUTURAÇÃO DO PROGRAMA DE TRANSFORMAÇÃO DIGITAL E IA

O programa de transformação digital é a ponte que conecta a visão estratégica aos resultados concretos. Ele transforma objetivos amplos em ações práticas para que a organização avance com disciplina e consistência. Como aprendi na Amil com o Edvaldo Vieira, "no final, tudo é sobre execução" - desde que haja uma estratégia bem definida. Afinal, uma máquina de execução desorientada é pior do que uma mais lenta caminhando para o lado certo. Execução sem direção não gera transformação, apenas movimentação.

Além disso, em um cenário onde a inteligência artificial redefine modelos de negócio, operações e experiências, não faz sentido falar em um programa de transformação digital que não seja também um programa de **transformação inteligente**. A IA já não é uma escolha opcional. Incorporá-la de forma estratégica não é apenas uma questão de eficiência, mas de competitividade e relevância no futuro.

O sucesso de qualquer programa de **transformação inteligente** depende também de uma governança bem estruturada. A liderança desse processo não pode estar restrita ao CTO ou às áreas de tecnologia: o **C-*level* como um todo precisa se apropriar da transformação**, integrando-a à estratégia central do negócio. No entanto, a verdadeira mudança acontece no ***middle management***, onde as decisões se tornam realidade no dia a dia das operações. Sem um compromisso claro da alta liderança e uma mobilização eficaz, qualquer iniciativa corre o risco de se tornar apenas mais um projeto isolado, sem impacto estrutural. A governança de um programa de transformação precisa começar no **C-*level*** e ganhar tração no ***middle management***, que faz a transformação acontecer de fato.

Transformação digital na prática: o que mudou (e o que ainda falta mudar)

Desde que o termo "transformação digital" foi cunhado há mais de uma década, muitas promessas foram feitas, mas poucas realmente cumpridas. Boa parte dos programas não foi além da busca por eficiência operacional e da melhoria da experiência do cliente. Automatizar processos e otimizar operações são passos importantes, mas não suficientes para promover mudanças disruptivas. Em muitos casos, o que se viu foi uma digitalização superficial, sem impacto significativo na proposta de valor ou na criação de novas vantagens competitivas.

Nos primeiros anos dessa jornada, a pressão por digitalizar rapidamente gerou um fenômeno clássico de *fear of missing out* (FOMO). O receio de ficar para trás impulsionou investimentos vultuosos, muitas vezes sem um direcionamento estratégico claro. Isso inflacionou o mercado de serviços de tecnologia, fez com que consultorias crescessem exponencialmente e estimulou a internacionalização das principais empresas de tecnologia brasileiras. O modelo de organização em *squads* se tornou sinônimo de velocidade e inovação, sendo implementado de forma indiscriminada, muitas vezes sem considerar a cultura organizacional ou a maturidade do negócio. Enquanto isso, falar em PMO (*Project Management Office*) era visto como ultrapassado, um resquício de um passado burocrático a ser abandonado.

Agora, com a ascensão da IA generativa, um movimento semelhante está se repetindo. Empresas de todos os setores correm para se posicionar e garantir que não fiquem para trás, gerando um novo fluxo expressivo de demanda para as consultorias. No entanto, a grande diferença agora é que, ao contrário de muitas ondas anteriores, a IA generativa possui potencial real e imediato para redefinir modelos de negócios, automatizar processos e criar novas formas de monetização. O diferencial competitivo já não está apenas na adoção de novas tecnologias, mas na capacidade de criar um modelo de **transformação inteligente**.

O contexto macroeconômico atual também acelerou uma mudança significativa na forma como as empresas estruturam seus programas de transformação. O "cheque em branco" para digitalizar acabou. Poucos gestores ainda se impressionam com promessas vagas ou projetos que consomem milhões sem entregar resultados tangíveis. A necessidade de justificar investimentos e demonstrar impacto real tornou-se imperativa.

Diante desse cenário, a abordagem de grandes consultorias como Accenture, Bain & Company, McKinsey e BCG também evoluiu. Elas passaram a ser mais pragmáticas, indo além do *discovery* para garantir que a fase de *delivery* gere impacto real. Além disso, cresce a adoção de modelos baseados em resultados, nos quais o sucesso da consultoria está atrelado ao sucesso das proposições implementadas.

Outro fator que impulsiona essa mudança é o papel mais ativo das *big techs* na transformação digital. Empresas como Microsoft, AWS e Google Cloud agora atuam como co-*sponsors* das iniciativas de transformação, oferecendo incentivos financeiros relevantes, seja por meio de créditos para uso de serviços em nuvem ou de subsídios para consultorias implementarem pilotos estratégicos. Esse modelo reduz barreiras iniciais para experimentação e permite que as organizações validem rapidamente o impacto da IA e de outras tecnologias emergentes em seus negócios.

Além dessas mudanças externas, o aprendizado acumulado ao longo dos últimos dez anos moldou a forma como os programas de transformação digital são estruturados internamente. Se no início a governança era um desafio negligenciado, hoje é reconhecida como um fator crítico de sucesso. A liderança desse processo não pode estar restrita ao CTO ou às áreas de tecnologia. A transformação precisa ser incorporada por toda a organização, com o *C-level* comprometido e o *middle management* executando.

Outro aprendizado relevante diz respeito à evolução dos modelos operacionais. A dualidade entre métodos ágeis e gestão de projetos tradicionais finalmente encontrou um equilíbrio mais pragmático. A era da "morte do PMO" deu lugar a uma nova versão mais dinâmica e estratégica, onde a governança não sufoca a inovação, mas assegura que as iniciativas estejam alinhadas aos objetivos de negócio e entreguem impacto mensurável.

Por fim, a estruturação de um programa de transformação digital bem-sucedido exige um olhar atento para a orquestração entre tecnologia, processos e pessoas. A fragmentação excessiva das iniciativas foi uma armadilha comum na última década. Hoje, a integração de frentes diversas (como modernização de legados, desenvolvimento de produtos digitais, canais *omnichannel* e projetos de IA) passou a ser tratada como um pilar fundamental da estratégia digital.

Os próximos tópicos abordarão como esses programas de transformação digital e de IA podem ser conduzidos de forma eficaz, garantindo alinhamento estratégico, execução disciplinada e captura de valor sustentável.

Componentes fundamentais do programa

Para que um programa de transformação digital e inteligência artificial gere impacto real e sustentável, é fundamental considerar seis elementos principais que fornecem o direcionamento necessário para equilibrar visão estratégica e execução ágil, permitindo que as iniciativas avancem com governança clara, entregáveis concretos e um modelo operacional eficiente.

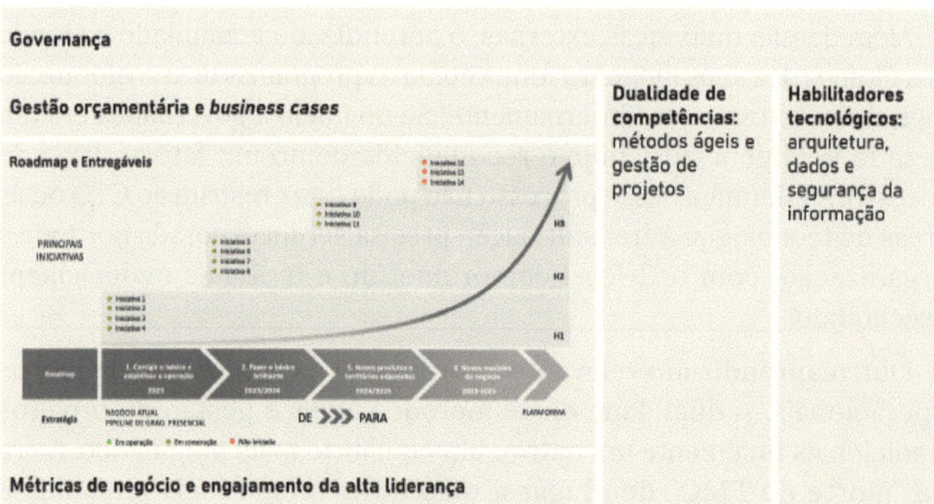

Figura 14. Elementos do programa.
Fonte: o autor.

O primeiro elemento essencial é a **Governança**, responsável por alinhar todas as iniciativas à estratégia da organização e estabelecer um modelo de tomada de decisão eficiente. O segundo componente, ***Roadmap* e entregáveis**, define a sequência das iniciativas e suas interdependências.

Já a **Gestão orçamentária e *business cases*** endereça a necessidade de justificar investimentos com clareza, superando a era dos "cheques em branco" para inovação e adotando um modelo de priorização com base em retorno e alinhamento estratégico. A **Dualidade de competências: métodos ágeis e gestão de projetos** reflete o equilíbrio necessário entre flexibilidade e controle e combina agilidade na experimentação com governança.

Os **Habilitadores tecnológicos**, por sua vez, garantem a sustentação técnica das iniciativas e abordam temas como arquitetura, dados e segurança da informação, elementos críticos para a escalabilidade e confiabilidade das soluções digitais. Por fim, **Métricas de negócio e engajamento da alta liderança** asseguram que os resultados sejam continuamente medidos e aprimorados, tornando-os visíveis.

Cada um desses componentes será detalhado ao longo deste capítulo.

1. Governança: conectando o programa à estratégia corporativa

Uma governança eficiente **estrutura o processo decisório**, deixando claro **quem decide o quê**, qual o grau de autonomia das áreas de negócio e como será a atuação do time de tecnologia. Um processo decisório bem definido simplifica o dia a dia das lideranças intermediárias, evita burocracia desnecessária e agiliza os times.

- **Objetivo:** garantir que o programa digital esteja diretamente conectado às necessidades do negócio, focando nas áreas de maior impacto e assegurando que as decisões estratégicas e operacionais sejam tomadas de forma coordenada.
- **Estrutura:** formar um **Comitê Executivo** com líderes das áreas mais impactadas.
- **Exemplo na educação superior:** na **Ânima Educação**, diretores de TI, acadêmico e de serviços alinharam esforços para modernizar o **Ulife** e aprimorar a experiência do aluno desde o ingresso até a diplomação.
- **Ritos regulares:**
    - **Semanal:** *checkpoints* operacionais para resolver gargalos.
    - **Mensal:** revisões de métricas e ajustes de prioridades.

- **Trimestral:** reuniões estratégicas para revisar resultados e redefinir metas.

Na **Ânima Educação**, foi criada uma estrutura de governança dentro da **Vice-Presidência de Tecnologia e *Mindset* Digital** para acelerar de forma coordenada a transformação digital do negócio. Essa estrutura integra competências cruciais para o sucesso das iniciativas:

- PMO (*Project Management Office*): para garantir projetos gerenciados com clareza de escopo, cronograma e orçamento e assegurar o alinhamento com os objetivos estratégicos.
- Agilidade: para impulsionar a evolução contínua dos produtos digitais e permitir entregas rápidas e iterativas, com foco na adaptação às necessidades dos usuários e do mercado.
- Gestão orçamentária: para alocar os recursos financeiros de forma eficiente e estratégica, equilibrando investimentos em eficiência operacional e inovação disruptiva.

Além da estruturação interna em tecnologia, a governança da transformação digital inclui ritos regulares com as áreas de negócio, cobrindo os principais temas da jornada do estudante. Esses encontros envolvem times de marketing, vendas, atendimento, financeiro, RH e sucesso do estudante, para que a tecnologia esteja totalmente conectada às demandas estratégicas e operacionais da organização. Essa integração fortalece a sinergia entre inovação e execução.

Com essa governança bem estabelecida e as lideranças alinhadas, torna-se essencial consolidar a identidade do programa e engajar as equipes de forma ainda mais profunda. Um passo estratégico para isso é **dar um nome ao programa de transformação digital**, algo que traduza os objetivos e a visão da transformação e que una todos os envolvidos em torno de uma mesma missão.

Por exemplo, na Ânima Educação, o programa foi batizado de "Sequoia", simbolizando crescimento contínuo e sólido. Ele abrange iniciativas como modernização tecnológica, move to cloud e aprimoramento da experiência do estudante. Já na Amil, o programa "Transform@r" focou na melhoria da experiência do beneficiário, abordando frentes como reembolsos médicos, digitalização de processos odontológicos e melhorias em portais e aplicativos.

O nome ajuda a manter todos os envolvidos conectados à missão e ao impacto das iniciativas e reforça a identidade da transformação digital na organização.

Para evitar a repetição dos passos já discutidos na definição da estratégia digital e de IA, a ênfase aqui está na execução prática e nos entregáveis claros que sustentam o programa de transformação digital. Nos próximos capítulos, explorarei de forma aprofundada a composição de um portfólio de iniciativas, a elaboração de business cases e a criação de um *roadmap* estratégico. Por ora, tratarei esses temas apenas de forma superficial, oferecendo uma visão geral dos elementos essenciais.

2. *Roadmap* e entregáveis

A tabela a seguir mostra resumidamente todas as etapas do *roadmap* e seus entregáveis.

Tabela 7. *Roadmap* e entregáveis.
Fonte: o autor.

Elemento	Descrição	Exemplo	Entregável
1. Definir objetivos mensuráveis	Transformar a visão estratégica em metas concretas e acompanháveis.	Na educação superior: utilizar IA preditiva no Ulife para identificar padrões de evasão e sugerir intervenções personalizadas.	Relatório com metas e KPIs definidos para cada frente.
2. Identificar áreas prioritárias	Focar nos processos que trarão maior impacto estratégico e operacional.	Na saúde suplementar: digitalizar processos críticos, como reembolsos médicos, no *app* Amil Clientes.	Plano de priorização com cronograma e responsáveis.

Elemento	Descrição	Exemplo	Entregável
3. Executar o *kick-off* executivo e estabelecer ritos de acompanhamento	Iniciar o programa formalmente e definir encontros regulares para acompanhar o progresso.	–	Agenda de *kick-off* com apresentação de metas, responsáveis e expectativas.
4. Orquestrar diferentes frentes com paralelismo	Nem sempre é possível avançar de forma linear. Algumas frentes precisam ser executadas em paralelo para potencializar resultados.	Modernização de sistemas de gestão enquanto se desenvolvem novos produtos digitais.	*Roadmap* detalhado com atividades paralelas e dependências.

Para garantir que o *roadmap* e os entregáveis realmente impulsionem a transformação digital, é essencial manter o foco nos objetivos estratégicos e executar com disciplina. Tem uma frase que sempre gosto de usar: **"não tenha pressa, tenha rumo e cadência"**. A combinação de um planejamento claro com uma execução constante e bem ritmada é o que diferencia um programa bem-sucedido de uma série de ações desconexas.

3. Gestão orçamentária e *business cases*

Uma **gestão orçamentária eficiente** é essencial para o programa de transformação digital ter os recursos necessários e entregar resultados consistentes. Isso envolve:

- **Busca por recursos financeiros:** identifique fontes de financiamento internas e externas que possam impulsionar o programa.
- **Elaboração de *Business Cases*:** desenvolva propostas claras que justifiquem os investimentos, com projeções de retorno e impacto no negócio.

- **Alocação inteligente de orçamento:** priorize investimentos em iniciativas que equilibrem **eficiência operacional** e **inovação**, e aplique os recursos de forma estratégica.

Este tema será aprofundado em capítulos futuros, onde discutiremos como construir ***business cases* robustos** para defender os investimentos em transformação digital e IA.

4. Dualidade de competências: métodos ágeis e gestão de projetos

O sucesso do programa de transformação digital depende de uma **convivência harmônica** entre métodos ágeis e abordagens tradicionais de gerenciamento de projetos. Cada um tem seu papel, e saber aplicá-los de forma coordenada é essencial para garantir resultados consistentes.

- **Métodos ágeis:** para a **concepção e evolução de produtos digitais**, *frameworks* como ***Scrum*** e ***Kanban*** permitem entregas rápidas, iterativas e adaptáveis ao *feedback* contínuo dos usuários e às mudanças de contexto. A agilidade facilita a inovação e a experimentação controlada, especialmente em soluções que precisam evoluir de forma dinâmica e incremental.
- **Gestão de projetos:** para iniciativas que exigem **controle rigoroso de escopo, prazo e orçamento**, como grandes implementações de infraestrutura tecnológica ou sistemas corporativos críticos, a abordagem tradicional de gerenciamento de projetos é mais adequada. Ela assegura previsibilidade, mitigação de riscos e entrega dentro dos parâmetros estabelecidos.

Princípio norteador: a chave é aplicar a abordagem mais eficaz com base nos objetivos de negócio e na natureza da entrega. Para otimizar os resultados, algumas iniciativas podem demandar uma combinação de ambos os métodos, ágil e tradicional.

No fim das contas, **não perca um segundo sequer** discutindo qual metodologia é melhor: se é ágil, tradicional, com ou sem *post-it*. O que realmente importa é **usar a ferramenta certa para o desafio certo**. Mantenha sempre o foco em **entregar valor e resolver os problemas do negócio**, sem se apegar a dogmas metodológicos.

5. Métricas de negócio e engajamento da alta liderança

A transformação digital deve ser orientada por **métricas de negócio claras** que comprovem o impacto real das iniciativas na organização. Os indicadores devem focar em **resultados estratégicos** em vez de se limitar a métricas operacionais, como prazos de implantação.

- **Métricas estratégicas:** priorize indicadores que realmente reflitam o sucesso do negócio, como **aumento de receita**, **redução de custos operacionais** e **melhoria da experiência do cliente**.
- **Engajamento da alta liderança:** os **líderes devem estar ativamente envolvidos**, patrocinando iniciativas, tomando decisões estratégicas e alocando recursos de forma inteligente. O apoio da liderança é essencial para alinhar esforços, superar resistências e ajustar rotas quando necessário.

Um exemplo emblemático na **Ânima Educação** ilustra essa abordagem orientada por resultados de negócio. Durante o processo de implementação da plataforma de "omnicanalidade", optamos por postergar o rollout para algumas marcas de universidades. A decisão foi tomada para evitar riscos adicionais ao processo de ingresso de estudantes em um período crítico da campanha.

Essa decisão demonstra que os indicadores de sucesso da transformação digital não devem ser apenas operacionais, como cumprimento de prazos de implantação. Em vez disso, o foco deve estar nos resultados de negócio, como garantir uma experiência de ingresso fluida e eficaz para os estudantes e manter a taxa de conversão elevada durante campanhas sazonais.

E por falar em métricas operacionais... há uma obsessão em controlar horas alocadas dos times e medir cada minuto do esforço das pessoas, como se isso, por si só, garantisse sucesso. Vamos combinar: é claro que controle de produtividade tem o seu lugar — ninguém quer que os projetos se tornem um caos sem direção. Mas se a única coisa que você consegue medir é o tempo gasto, talvez você esteja deixando passar a questão principal. A transformação digital não é uma maratona de quem faz mais, mas de quem faz **melhor e gera valor real**.

No fim do dia, o que realmente importa é o ***top line* de receita** e a **margem no resultado final**. Pode parecer óbvio, mas muitas empresas acabam se afogando em relatórios de horas trabalhadas enquanto os números que realmente interessam ficam em segundo plano. O segredo é equilibrar o controle com uma visão clara de **onde está o impacto real**: menos horas medindo esforço e mais tempo focando em como essas horas vão trazer **crescimento e rentabilidade** para o negócio.

Porque, sejamos sinceros, se você está entregando valor de verdade, ninguém vai se importar se levou 10 ou 100 horas para chegar lá. O que importa é o resultado!

6. Habilitadores tecnológicos: criando a base para a aceleração digital

Para que a inovação se materialize de forma consistente e escalável, é necessário um arcabouço tecnológico que sustente a digitalização, a automação e o desenvolvimento contínuo de novas soluções. Esse pilar, denominado **habilitadores tecnológicos**, compreende a modernização da infraestrutura, a evolução da arquitetura de software, a governança dos dados e a estruturação de ambientes que fomentem a inovação.

No contexto da **modernização tecnológica**, o primeiro passo crítico envolve a criação de uma arquitetura baseada em APIs para acelerar a integração entre os diferentes componentes da plataforma digital. Isso permite não apenas a interoperabilidade entre sistemas legados e novas aplicações, mas também a flexibilidade para incorporar novas soluções de maneira ágil. As tradicionais dificuldades de integração entre sistemas monolíticos são evitadas e a inteligência dos negócios é distribuída em microsserviços.

Outro fator essencial dentro dos habilitadores tecnológicos é a **plataforma de dados**. Como discutido no **Capítulo 4**, essa plataforma desempenha um papel central na transformação digital ao garantir que os times de desenvolvimento e análise de dados tenham acesso rápido e seguro às informações necessárias para suas operações. Esse conceito se torna ainda mais crítico no atual cenário de IA generativa, onde modelos como LLMs (*Large Language Models*) dependem diretamente da qualidade e da organização dos dados que os alimentam.

A **transição para a nuvem (*move to cloud*)** também faz parte desse esforço contínuo de modernização. Embora muitas empresas já tenham iniciado essa jornada, a migração de *workloads* críticos para ambientes híbridos e *multi-cloud* exige um planejamento meticuloso para evitar armadilhas como custos inesperados, baixa performance e complexidade excessiva na gestão dos serviços. Além disso, projetos de *cloud* envolvem não apenas a infraestrutura tecnológica, mas também práticas de gestão de mudanças, para garantir que as equipes consigam operar de forma fluida nesse novo ambiente.

Outro ponto fundamental é o *compliance* com auditorias externas e controles internos associados à tecnologia. A evolução digital precisa estar alinhada com os requisitos regulatórios e as melhores práticas de governança, evitando riscos operacionais e de segurança. Isso se traduz na necessidade de processos robustos de auditoria de sistemas, monitoramento contínuo de acessos e mecanismos de controle para evitar vazamento de informações sensíveis.

No caso da Funcional, além das auditorias regulatórias e de segurança interna, havia também a auditoria conduzida diretamente pelos clientes, que exerciam pressão adicional para a modernização tecnológica e garantia de conformidade. Essa realidade não se restringe à área da saúde, mas está presente em diversas indústrias que lidam com dados sensíveis e operações críticas, como os setores financeiro e varejista. A exigência por transparência e governança digital cresceu substancialmente nos últimos anos, sendo fundamental que as empresas adotem tecnologias modernas e estruturem processos e controles eficazes para garantir a segurança, a rastreabilidade e a conformidade contínua.

A sustentação da transformação digital também depende diretamente da maturidade técnica dos times de engenharia. Na Ânima Educação, essa estrutura é fortalecida por meio dos *chapters* de engenharia de software, que disseminam continuamente boas práticas, padronizações e conhecimento.

Além disso, a organização mantém um portal de arquitetura e engenharia de *software*, onde os desenvolvedores encontram diretrizes técnicas claras para apoiar seu trabalho. Um dos documentos mais acessados nesse repositório é o Guia de Codificação e Boas Práticas, que consolida padrões de arquitetura, segurança, versionamento e melhores práticas de desenvolvimento. O guia cobre temas como convenção de código, organização de APIs REST, *logging*, testes unitários, manuseio de credenciais sensíveis e práticas recomendadas para integração com pipelines de CI/CD.

Outro exemplo da aplicação prática dessa base de conhecimento é o **Anima AI**, uma solução interna que utiliza IA generativa e a técnica **RAG (*Retrieval-Augmented Generation*)** para fornecer suporte aos times de desenvolvimento. Essa ferramenta acessa o código-fonte do ***Ulife*** e permite que os desenvolvedores consultem rapidamente padrões técnicos, referências arquiteturais e exemplos de implementação. Isso acelera o aprendizado e melhora a produtividade dos *squads*, reduzindo tempo de *onboarding* e retrabalho técnico.

Dessa forma, os **habilitadores tecnológicos** não são apenas um suporte técnico para a transformação digital, mas a espinha dorsal que permite que as iniciativas avancem com agilidade e segurança. Esse equilíbrio entre **modernização tecnológica e aceleração digital** é o que possibilita a transição bem-sucedida entre o presente e o futuro.

Transformação digital: o todo é maior que a soma das partes

A estruturação de um programa de transformação digital não é apenas a soma de várias iniciativas; é a **orquestração integrada dessas frentes**. Cada decisão, seja na **gestão orçamentária**, na **adoção de métodos ágeis** ou na definição de **métricas de sucesso**, deve estar alinhada com os objetivos estratégicos e a visão de futuro da organização.

Para facilitar a visualização e o entendimento dos principais componentes necessários para a execução bem-sucedida de um programa de transformação digital, apresento o **mapa mental** a seguir. Ele sintetiza, de maneira clara e organizada, os cinco elementos fundamentais que garantem que a visão estratégica se transforme em ações práticas e resultados concretos.

Cada elemento do mapa representa uma peça essencial desse quebra-cabeça: desde a definição de uma **governança eficiente** até a importância de **métricas de negócio** e o **engajamento da alta liderança**. O equilíbrio entre **métodos ágeis** e **gestão tradicional de projetos**, bem como a criação de um ***roadmap* estruturado** e uma **gestão orçamentária inteligente**, formam a base para a transformação digital.

Esse mapa mental serve como um **guia visual** para líderes e equipes compreenderem o papel de cada componente e como eles se interligam para impulsionar o sucesso do programa. Use-o para **orientar decisões**, **alinhar expectativas** e manter o foco nos **resultados estratégicos**, garantindo que cada passo contribua para a evolução digital da organização.

📌 **Programa de transformação digital**

├── 🏛️**Governança**
│ └── Comitê Executivo, ritos regulares, alinhamento estratégico
├── 📋 ***Roadmap* e entregáveis**
│ ├── Definir objetivos mensuráveis
│ ├── Identificar áreas prioritárias
│ ├── *Kick-off* executivo
│ └── Orquestração de frentes com paralelismo
├── 💰 **Gestão orçamentária e *business cases***
│ ├── Planejamento financeiro
│ ├── Busca por recursos
│ └── Elaboração de *business cases*
├── ⚙️ **Dualidade de competências**
│ ├── Métodos ágeis (*Scrum*, *Kanban*)
│ └── Gestão tradicional de projetos (PMO)
├── 🏗️ **Habilitadores tecnológicos**
│ ├── Arquitetura de tecnologia e APIs
│ ├── Plataforma de dados e IA
│ ├── Segurança da informação e compliance
│ ├── Infraestrutura e *move to cloud*
│ └── Portais e *guidelines* para engenharia de software
└── 📊 **Métricas de negócio e liderança**
├── Resultados estratégicos (receita, custos)
└── Engajamento da alta liderança

A estrutura pode variar, mas sem líderes engajados, equipes capacitadas e recursos bem direcionados qualquer programa corre o risco de se tornar apenas mais um plano na gaveta. O verdadeiro valor da transformação digital não está na teoria, mas na **capacidade de colocar as ideias em prática**, gerar resultados concretos e se adaptar rapidamente às mudanças.

Portanto, escolha a estrutura que faz mais sentido para a sua organização, mas mantenha sempre o foco em **executar, medir e ajustar**. Transformar a visão em realidade exige disciplina, comprometimento e uma cultura que valorize a entrega de resultados. No final das contas, é isso que realmente faz a diferença: **fazer acontecer e gerar valor contínuo**.

No **próximo capítulo**, exploraremos como compor um **portfólio de iniciativas digitais**, priorizando casos de uso de IA com **maior potencial de impacto** e garantindo que a estratégia se traduza em **ações efetivas e transformadoras**. ■

"A chave para o sucesso está no apoio executivo contínuo, na mobilização das pessoas certas e na alocação adequada de recursos financeiros."

CAPÍTULO 08

COMPOSIÇÃO DE UM PORTFÓLIO DE INICIATIVAS E CASOS DE USO DE IA

O processo de composição do portfólio parte de um inventário inicial de iniciativas e avança até sua execução e mensuração dos resultados. Essa abordagem foi desenvolvida na minha dissertação de mestrado na FIA, sob a orientação do **Prof. Luís Guedes, Pós-doutor pela FEA-USP em Inteligência Artificial**, e reflete um método validado para a gestão de iniciativas digitais e de inteligência artificial.

Além de estruturar um portfólio coerente e viável, o sucesso na adoção da IA dentro das organizações depende de **fatores humanos e organizacionais**, conforme descrito no ***Framework* de Intenção de Adoção de Inteligência Artificial (AI2M)**, desenvolvido pelo **Prof. Alexandre Nascimento** (2023) e publicado na *MIT Sloan Management Review Brasil*. Esse modelo identifica cinco fatores essenciais que influenciam a aceitação e o impacto das soluções de IA:

- **Expectativa de performance:** garantir que cada iniciativa do portfólio seja percebida como capaz de aumentar a produtividade e melhorar a tomada de decisões.
- **Expectativa de esforço:** avaliar a complexidade de adoção e garantir que a implementação da IA seja intuitiva e bem suportada.
- **Condições facilitadoras:** oferecer a infraestrutura, os treinamentos e o suporte necessários para integrar a IA às operações.
- **Influência social:** estimular a aceitação da IA entre colaboradores e lideranças por meio de *cases* de sucesso e exemplos práticos.
- **Autoeficácia:** criar confiança nos times para que possam aprender e utilizar as novas ferramentas de IA de forma eficaz.

Ao integrar esses fatores ao processo de estruturação do portfólio, as empresas aumentam significativamente as chances de adoção e impacto real. A lógica proposta para essa composição se desdobra nas seguintes etapas:

1. **Inventário de iniciativas:** identificar oportunidades em diferentes áreas do negócio onde IA tradicional (*machine learning, deep learning*) e IA generativa possam agregar valor. Nesse momento, pode ser útil aplicar o ***checklist* do *framework* AI2M**, que auxilia na avaliação inicial da **intenção de adoção da IA** dentro da organização. Esse *checklist* pode ser reaplicado posteriormente na fase de **classificação**, para refinar a análise sobre a viabilidade e o impacto das iniciativas.
2. **Classificação por dimensões e indicadores:** avaliar cada iniciativa com base em critérios claros, como impacto no negócio, esforço técnico, viabilidade financeira e alinhamento estratégico.
3. **Quantificação dos resultados:** estimar os benefícios esperados em termos financeiros, operacionais e estratégicos, conectando as iniciativas ao plano maior de transformação digital.
4. **Análise do portfólio:** examinar a composição do portfólio para identificar desequilíbrios e oportunidades.
5. **Priorização das frentes mais promissoras:** aplicar ferramentas como a Matriz de Priorização de Impacto e Esforço para ordenar as iniciativas de acordo com seu potencial e sua viabilidade.
6. **Alocação de recursos:** direcionar recursos financeiros, tecnológicos e humanos para que as iniciativas priorizadas sejam executadas com sucesso.
7. **Mensuração e comunicação dos resultados:** monitorar os impactos gerados e informar o progresso às partes interessadas, reforçando o valor da transformação.

O processo deveria seguir a lógica proposta anteriormente, como representado na figura a seguir, que parte do inventário e avança até a mensuração e comunicação dos resultados.

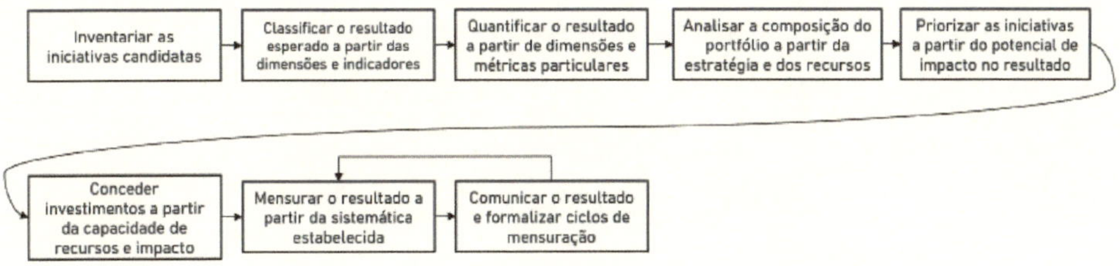

Figura 15. Processo de composição de portfólio.
Fonte: o autor.

Ter um processo claro e bem comunicado é essencial para os principais *stakeholders* entenderem a **lógica das escolhas e das renúncias**. Investir tempo na articulação e na construção do portfólio é fundamental. Para isso, é necessário o uso de **artefatos que tornem as decisões visíveis e compreensíveis**.

Dentre as ferramentas disponíveis, a **Matriz de Priorização de Impacto e Esforço** se destaca por organizar as iniciativas em quatro quadrantes, facilitando a visualização do valor e da viabilidade de cada frente:

- ***Big Bets:*** alto impacto, mas baixa viabilidade no curto prazo. Exigem investimentos e planejamento mais robustos.
- ***Quick Wins:*** alto impacto e alta viabilidade. Devem ser priorizadas para gerar resultados rápidos e demonstrar valor.
- ***Quick Start:*** baixo impacto, mas alta viabilidade. Úteis para iniciar o aprendizado e a familiarização com novas tecnologias.
- ***Do Later:*** baixa viabilidade e baixo impacto. Geralmente evitadas ou adiadas.

Embora existam diferentes configurações de matrizes de priorização, e o leitor não precise adotar obrigatoriamente o modelo apresentado neste capítulo, seu uso é uma boa prática amplamente utilizada no mercado para alinhar iniciativas estratégicas com recursos e expectativas organizacionais. O mais importante é escolher um modelo que melhor se adapte ao seu contexto, garantindo clareza, eficiência na comunicação e embasamento para as decisões.

A matriz apresentada na figura a seguir oferece um suporte visual para aplicação prática e facilita a comunicação do racional por trás da priorização das iniciativas.

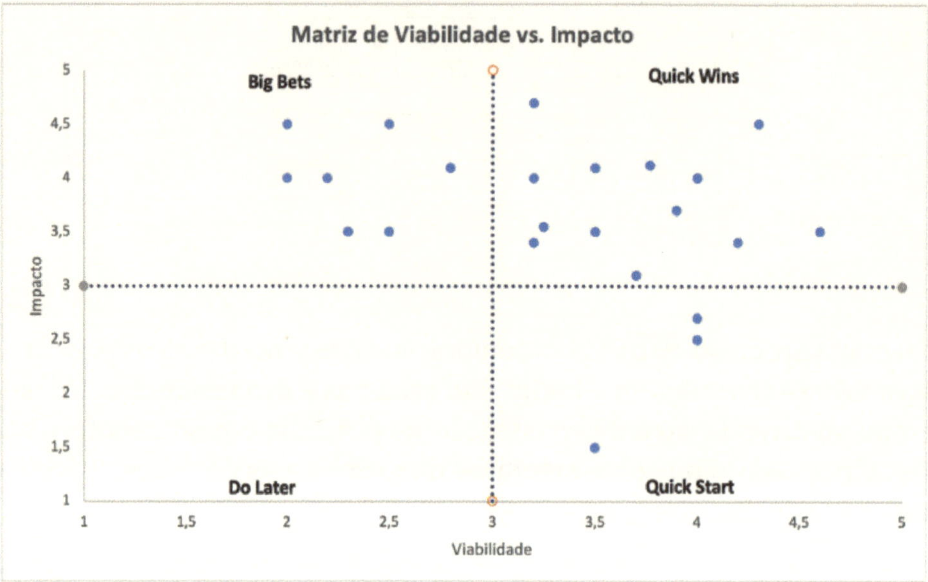

Figura 16. Matriz de viabilidade x impacto.
Fonte: o autor.

Por meio dessa matriz, é possível alinhar expectativas, justificar decisões de alocação de recursos e garantir que as iniciativas estejam conectadas aos objetivos organizacionais. Ela ajuda a criar um discurso consistente e orientado a dados, fundamentando a priorização de iniciativas em termos de impacto esperado e de viabilidade técnica e financeira.

Ao unir uma **abordagem estruturada de portfólio**, os **princípios do AI2M** e um **mecanismo claro de priorização**, as empresas ampliam as chances de adotar a IA de maneira eficaz, com impacto concreto nos resultados e geração de valor sustentável.

Os exemplos a seguir, no contexto de farmácias (Funcional Health Tech) e universidades (Ânima Educação), ilustram como aplicar IA estrategicamente em diferentes etapas de implementação.

Tabela 8. Exemplos de como aplicar a IA estrategicamente.
Fonte: o autor.

Big Bets	***Quick Wins***
• Farmácias: desenvolvimento de um modelo de *deep learning* para análise de comportamento de consumo, integrando recomendações personalizadas com os sistemas de gerenciamento de estoques. • Universidades: criação de uma plataforma de aprendizado adaptativo baseada em IA generativa que oferece conteúdos personalizados para estudantes.	• Farmácias: automação de triagens simples para identificar medicamentos mais vendidos e prever demandas sazonais, otimizando a reposição de estoques. • Universidades: implementação de *chatbots* baseados em IA generativa para responder a dúvidas frequentes de estudantes sobre matrículas e calendário acadêmico.
Do Later	***Quick Start***
• Farmácias: introdução de IA generativa para simulações avançadas de planejamento de layout das lojas, otimizando o fluxo de clientes. • Universidades: desenvolvimento de um sistema completo de certificação por *blockchain* para diplomas digitais.	• Farmácias: treinamento inicial da equipe em ferramentas de *machine learning* para identificar padrões de vendas e sugerir campanhas promocionais. • Universidades: uso experimental de IA generativa para criar resumos automáticos de conteúdos acadêmicos.

Reflexão sobre escolhas e renúncias

> "Não existe melhor escola que a adversidade." — Benjamin Disraeli, ex-primeiro-ministro britânico

A tomada de decisão estratégica depende das limitações e dos desafios enfrentados. A adversidade ensina líderes a priorizar com clareza. Não se trata de abarcar todas as oportunidades, mas de escolher com precisão onde investir esforços e recursos.

Embora a matriz apresentada seja um recurso valioso para organizar e priorizar iniciativas, é importante destacar que existem outras variações que também podem ser aplicadas, dependendo do contexto e da necessidade específica da organização. No entanto, o elemento central de qualquer abordagem é oferecer uma visão clara das escolhas e, principalmente, das renúncias necessárias para que o portfólio seja eficaz.

O processo de composição de um portfólio é menos sobre abraçar todas as possibilidades e mais sobre fazer algumas poucas escolhas e muitas renúncias. Renunciar com qualidade é essencial para assegurar que os projetos prioritários tenham os recursos, o foco e o suporte necessários para prosperar. Como ensina a adversidade, saber abrir mão do que é secundário é o que permite que o essencial floresça.

Integração de IA no portfólio de transformação digital

A inteligência artificial (IA) não deve ser tratada como um elemento isolado. Minha visão é clara: a IA deve ser incorporada de forma transversal às jornadas de transformação da organização, desafiando lideranças em todas as áreas a encontrarem pontos críticos onde a IA possa gerar valor real. Essa abordagem integrada permite que a IA deixe de ser apenas um projeto tecnológico e passe a atuar como um acelerador estratégico, otimizando operações e criando novas oportunidades de negócio.

Por que adotar essa abordagem? Quando os casos de uso de IA são tratados no contexto das jornadas de transformação e não como projetos *stand-alone*, as organizações conseguem maximizar o impacto, promover maior alinhamento estratégico e conectar as soluções tecnológicas aos objetivos reais do negócio. Por exemplo:

- Em vez de desenvolver um *chatbot* como projeto isolado, a IA pode ser integrada à jornada de atendimento ao cliente, oferecendo suporte proativo e personalizado em diferentes canais.
- Modelos preditivos podem ser incorporados à jornada educacional para prever a evasão de estudantes, identificando padrões que indiquem o risco de abandono. Esses *insights*

permitem que a instituição tome medidas proativas, como o envio de mensagens personalizadas geradas por IA generativa ou a oferta de suporte por meio de canais digitais e humanos. Essa abordagem melhora o relacionamento com os estudantes e fortalece o engajamento ao longo de sua trajetória acadêmica.

Essa visão transversal desafia as lideranças a pensarem de maneira inovadora e alinhada às prioridades estratégicas.

Minha recomendação: defina o portfólio de iniciativas de IA dentro do contexto de jornadas de transformação já existentes, com KPIs claros para medir o impacto direto em eficiência, experiência do cliente e novas receitas. Assim, a IA deixa de ser um centro de custo e se torna uma alavanca estratégica que gera resultados para o negócio.

Integração com o processo de transformação

A matriz de priorização apresentada neste capítulo é a base para estruturar o *roadmap* digital e de IA, que será abordado no Capítulo 10. Neste próximo passo, exploraremos como organizar as iniciativas priorizadas em um cronograma estratégico que integre *business cases* (do Capítulo 9) e maximize os resultados da transformação digital e de IA.

Ao conectar as etapas de priorização com a execução prática, os líderes estarão preparados para avançar de forma consistente. ■

CAPÍTULO 09

ELABORAÇÃO DE *BUSINESS CASES*

O *business case* é uma ferramenta estratégica que conecta dores do negócio, soluções tecnológicas e resultados mensuráveis. Inspirado no *pitch* dos empreendedores, o *business case* serve para convencer *stakeholders* internos da viabilidade e do impacto das iniciativas digitais ou de IA, mostrando que elas podem gerar valor sustentável e se alinham aos objetivos estratégicos da organização.

Diante do cenário de escassez de recursos e do aumento da competitividade, as organizações precisam de uma lógica clara de retorno. Não basta mais investir apenas pela inovação; é necessário gerar valor mensurável e conectar resultados ao propósito do negócio. Como destacado pela McKinsey (2018; 2021), iniciativas digitais devem estar alinhadas a objetivos estratégicos como aumento de receita, eficiência operacional e melhoria da experiência do cliente.

Este capítulo mostra como estruturar *business cases* simples e objetivos, detalhando suas principais funções, seus elementos essenciais e exemplos práticos, além de oferecer um modelo aplicável e dicas práticas para maximizar suas chances de sucesso.

Por que usar um *business case*?

Um *business case* bem estruturado sustenta decisões estratégicas e é essencial para priorizar iniciativas que gerem impacto mensurável. Ele responde a perguntas fundamentais:

- **Qual é o problema que queremos resolver?**
- **Por que essa solução é a melhor opção?**
- **Quais serão os benefícios?**
- **Como mediremos o sucesso?**

O *business case* não é apenas um documento interno; ele é a resposta prática ao famoso "Show me the money!" de Tom Cruise no filme *Jerry Maguire* (1996). Ele traduz ideias em retornos financeiros claros e justificáveis, conectando cada investimento a métricas sólidas e resultados tangíveis.

Diferentemente de um *business plan*, que é mais amplo e detalhado, abordando toda a estratégia de uma unidade de negócios ou de uma empresa, o *business case* é focado em uma iniciativa específica. Ele detalha o problema, a solução proposta e os benefícios esperados, justificando o investimento e demonstrando como ele se alinha às prioridades organizacionais.

Ao alinhar visão estratégica e execução prática, o *business case* permite que líderes e equipes tomem decisões embasadas em dados. Ele é o ponto de partida para garantir que cada iniciativa seja uma entrega de valor real.

Estrutura de um *business case*

Um *business case* eficaz deve ser claro e objetivo. Seu preenchimento deve envolver as áreas de tecnologia e de negócio, e os benefícios esperados – como aumento de eficiência, redução de custos e melhoria na experiência do cliente – serão aferidos em métricas estratégicas da organização.

BUSINESS CASE - ONE PAGE

ESTADO ATUAL:

- Temos apenas X% de retenção das ligações através da URA (10.000 ligações/mês)
- Temos oportunidades mapeadas para aumentar o percentual de retenção de ligações na URA para um intervalo entre 35% e 45% (50.000 ligações/mês)
- O *call center* possui X operadores, Y supervisores e custo por PA de R$ XX.xxx por ano

ESTAMOS SOLICITANDO ORÇAMENTO PARA:

- Implementar novas jornadas de autosserviço por URA para aumentar a taxa de retenção para 35% a 45% das ligações.

BENEFÍCIOS PARA O NEGÓCIO:	CAPEX E OPEX:
• Redução de XX posições no *call center* (R$ X.XXX.XXX/Ano)	• **CAPEX:** investimento no desenvolvimento da automação

Figura 17. *Business case* de uma página.
Fonte: o autor.

A figura anterior exemplifica um formato de ***Business Case One Page***, uma abordagem prática para estruturar rapidamente os principais elementos de um *case* de investimento. Esse modelo está dividido em seções fundamentais, como:

- **Estado atual:** diagnóstico da situação vigente e principais desafios enfrentados.
- **Estamos solicitando orçamento para:** justificativa para o investimento e objetivo principal do projeto.
- **Benefícios para o negócio:** impactos esperados, geralmente traduzidos em redução de custos, aumento de eficiência ou novas oportunidades de receita.
- **CAPEX e OPEX:** estrutura de custos do projeto, diferenciando investimentos iniciais (CAPEX) de despesas operacionais contínuas (OPEX).

Esse tipo de documento facilita a tomada de decisão baseada em dados. Além disso, complementa a estrutura tradicional de um *business case* detalhado, que possui os seguintes blocos:

Tabela 9. Blocos de um *business case*.
Fonte: o autor.

Bloco	Descrição	Exemplos de métricas
Resumo executivo	Visão geral do problema, solução proposta e benefícios esperados.	-
Estado atual	Problemas atuais e seus impactos. Quantifique sempre que possível.	Reclamações (CSAT, ReclameAqui), *churn* elevado, custos altos, ineficiências operacionais.
Descrição do projeto	Solução proposta, como será implementada e entregas intermediárias.	*Chatbot* para atendimento, sistema automatizado, novas jornadas digitais.
Benefícios para o negócio	Metas claras com base em indicadores de desempenho.	Redução de *churn*, aumento de NPS, economia de custos, crescimento de receita.
Riscos e mitigações	Identifique riscos associados ao projeto e inclua planos de mitigação.	Atrasos na implementação, dependência de fornecedores.
Necessidades de investimento	Custos totais (implementação e operação) e cálculo de ROI no horizonte definido (12-24 meses).	Investimento inicial: R$ X; ROI esperado: Y%.

Esse modelo de *business case* garante que os investimentos em transformação digital e IA sejam não apenas bem fundamentados, mas também acompanhados por métricas que assegurem a captura de valor ao longo do tempo.

EXEMPLO 1: MODERNIZAÇÃO DE INFRAESTRUTURA NA NUVEM

Estado atual: a empresa enfrenta atrasos frequentes na entrega de serviços devido a servidores antigos e desconexões entre sistemas.

Descrição do projeto: migrar a infraestrutura para a nuvem, implementando redundância para evitar *downtime*.

Benefícios:

Redução do *downtime* de 10 horas/mês para 1 hora/mês.

Economia de R$ 500.000/ano em manutenção de servidores.

Necessidades de investimento:

Investimento inicial: R$ 2.000.000.

ROI esperado: 25% no primeiro ano e 75% em dois anos.

EXEMPLO 2: AUTOMAÇÃO DE SUPORTE TÉCNICO

Estado atual: 60% das ligações são relacionadas a problemas simples, como reinicialização de roteadores.

Descrição do projeto: solução automatizada via aplicativo, incluindo guias interativos e um assistente de voz com IA.

Benefícios:

Redução de 40% nas chamadas relacionadas a problemas simples.

Economia de R$ 1.500.000/ano em custos de *call center*.

Necessidades de investimento:

Investimento inicial: R$ 1.200.000.

ROI esperado: 50% no primeiro ano.

EXEMPLO 3: PORTAL DE VENDAS NA ÂNIMA EDUCAÇÃO
Estado atual: o portal de vendas apresentava baixa conversão de inscritos para matriculados, limitando o crescimento de receitas. **Descrição do projeto:** obter investimentos na melhoria do portal, com a proposta inicial de construir uma nova plataforma de vendas.
Benefícios: Aumento esperado na taxa de conversão de inscritos em matriculados, impulsionando receitas. Retorno imediato identificado na fase inicial com ajustes incrementais no portal atual, sem a necessidade de reconstrução completa. **Necessidades de investimento:** Investimento inicial: R$ 800.000. ROI esperado: alcance da meta de conversão com economia significativa ao adotar melhorias no portal existente.

Esse exemplo destaca a importância de manter o foco nos resultados de negócio. Mesmo quando o *business case* apresentava a construção de um novo portal como a solução principal, ajustes incrementais foram suficientes para alcançar o retorno esperado. Essa abordagem foi bem aceita no comitê executivo, reforçando que o objetivo final é o impacto no negócio, não apenas a execução das tarefas originalmente planejadas.

Quem deve elaborar um *business case*

A elaboração de um *business case* não é responsabilidade exclusiva de uma área; ela deve ser uma construção colaborativa entre as áreas de negócio, tecnologia e financeiro. Cada organização tem sua própria governança, mas algumas práticas comuns ajudam a garantir que o *business case* seja robusto e sustentável:

- **Colaboração entre negócio e tecnologia:** as áreas de negócio, como marketing, operações ou vendas, devem definir as dores e os objetivos, enquanto a tecnologia propõe as soluções que podem endereçá-los de forma eficaz. Essa parceria assegura que o projeto seja tecnicamente viável e atenda às reais necessidades do negócio.
- **Validação pelo time financeiro:** o racional de retorno deve ser validado pela área financeira, garantindo que as premissas estejam alinhadas com os critérios da empresa e que os benefícios previstos possam ser refletidos na Demonstração de Resultado do Exercício (DRE). Isso fortalece a credibilidade do *business case* e facilita seu acompanhamento pós-implementação.

Evitando armadilhas comuns

- **"Custo evitado" vs. "custo reduzido":** há uma diferença crítica entre evitar custos futuros e reduzir custos existentes. Embora ambos sejam importantes, a redução de custos já existentes tem impacto direto e mais tangível na DRE. Evitar custos que a empresa nunca teve é uma métrica válida, mas deve ser tratada com cautela para evitar supervalorização.
- **Metas inexequíveis:** muitas empresas aprovam *business cases* com metas difíceis de alcançar, como economias superestimadas ou benefícios intangíveis. Pior ainda, esses resultados muitas vezes não são mensurados após a implementação, o que compromete a credibilidade do processo e descaracteriza o exercício de retorno sobre o investimento.

Conclusão

A proposta de *business case* apresentada neste capítulo pode e deve ser adaptada para diferentes cenários de negócio. Elementos adicionais podem ser incluídos, dependendo das necessidades da organização, mas o mais importante é que o documento deixe absolutamente claro o retorno esperado para o investimento solicitado.

Além de facilitar a tomada de decisão sobre alocação de recursos, o *business case* é um grande aliado das lideranças de programas de transformação, especialmente em cenários macroeconômicos desafiadores ou contextos internos de reestruturação. Em muitos casos, novas oportunidades ou desafios surgem ao longo do ano, exigindo investimentos adicionais que não estavam previstos no orçamento inicial. Ter um *business case* bem estruturado permite viabilizar a obtenção desses recursos, assegurando que iniciativas estratégicas não sejam paralisadas por falta de financiamento.

Por outro lado, é fundamental tratá-lo com seriedade e compromisso. Nada compromete mais a credibilidade de um time do que a recorrência no não atingimento dos ganhos apontados nos *business cases* aprovados. Quando isso acontece, a confiança na capacidade de execução da equipe se deteriora, tornando cada vez mais difícil aprovar novos investimentos. Já vivi essa realidade em outra organização e vi o programa de transformação digital estagnar em termos de fluxo de recursos financeiros disponíveis. A recuperação dessa credibilidade junto à governança da empresa foi extremamente desafiadora e exigiu um trabalho intenso de reconstrução da confiança e reavaliação dos processos.

Um *business case* bem construído ajuda a definir expectativas, priorizar ações e medir o impacto com clareza, gerando decisões baseadas em métricas e resultados concretos.

No próximo capítulo, exploraremos como organizar essas iniciativas em um ***roadmap* estratégico**, conectando objetivos de curto prazo à visão de longo prazo. ■

“Um business case bem construído permite alinhar expectativas, priorizar iniciativas e medir o impacto de maneira clara e objetiva, garantindo que cada decisão de investimento esteja ancorada em métricas e resultados concretos.”

CAPÍTULO 10

ELABORAÇÃO DO *ROADMAP* DIGITAL E DE IA

A construção de um *roadmap* digital e de inteligência artificial (IA) é o elo fundamental entre a visão estratégica e a execução prática das iniciativas priorizadas. Enquanto os capítulos anteriores abordaram a identificação e a priorização de projetos, bem como a elaboração de *business cases* robustos, neste capítulo o foco se volta para a organização dessas ações em um cronograma estratégico.

No **Capítulo 8**, foi apresentada a **Matriz de Priorização de Impacto e Esforço**, que classificou ações com base no impacto estratégico e no esforço necessário para sua implementação. Já no **Capítulo 9**, discutimos a relevância de construir ***business cases* detalhados**, alinhados às expectativas das partes interessadas e aos objetivos organizacionais. Agora, essas etapas se unem para criar um *roadmap* que organiza e dá cadência às iniciativas.

Um *roadmap* bem planejado responde a perguntas essenciais:

- **Quais iniciativas serão implementadas?**
- **Quando elas serão executadas?**
- **Como os recursos serão alocados para garantir o sucesso?**

Mais do que um cronograma, o *roadmap* é o motor que assegura que cada projeto contribua diretamente para os objetivos da organização.

Duas abordagens complementares para construção de *roadmaps*

Para atender às diferentes necessidades e realidades das empresas, apresento duas metodologias distintas, mas complementares, para a construção de *roadmaps*.

Essas abordagens se diferenciam não apenas pela estrutura, mas também pelo horizonte de planejamento a que atendem. Enquanto a matriz de quadrantes é uma abordagem mais **tática e de curto prazo**, voltada para os próximos meses de execução, a abordagem que contempla os quatro estágios — desde corrigir o básico até criar novos modelos de negócio — é **mais aspiracional e de longo prazo**, podendo ser planejada ao longo de vários anos.

Embora distintas, as duas abordagens são **complementares** e podem ser utilizadas como artefatos de comunicação para públicos diferentes. A matriz com quadrantes é ideal para engajar o time no dia a dia da execução e priorizar esforços imediatos. Já a abordagem em estágios é mais voltada para discussões estratégicas com lideranças de negócio, comitê executivo e conselho de administração.

Dessa forma, a organização consegue equilibrar demandas operacionais e objetivos estratégicos, criando uma ponte entre a visão de curto prazo e as ambições de longo prazo.

Abordagem 1: fases sequenciais com os horizontes de inovação

Essa abordagem é mais **aspiracional**, oferecendo uma visão de longo prazo para o desenvolvimento digital e de IA da organização. Ela parte, frequentemente, de um cenário de desconforto com o valor gerado pela tecnologia até chegar à transformação completa do modelo de negócios da companhia.

Ao estruturar o *roadmap* em fases - desde corrigir problemas básicos até a criação de novos modelos de negócio -, essa abordagem permite equilibrar o compromisso em corrigir e fazer o básico bem feito, sem abrir mão de promover uma transformação real nos negócios. Essa dualidade é essencial, pois a transformação digital não pode se limitar à otimização de processos; ela deve preparar a organização para um futuro competitivo e inovador.

Embora o desenho dessa abordagem sugira uma evolução sequencial, é altamente recomendado que iniciativas das etapas mais avançadas sejam conduzidas **concomitantemente** com as ações de curto prazo. Isso evita a armadilha de estagnar no básico bem feito e garante que esforços de transformação mais disruptivos também avancem.

Essa visão de longo prazo mantém o foco estratégico, ao mesmo tempo em que possibilita ações imediatas para gerar valor e construir confiança na transformação digital. É um modelo que atende às necessidades atuais sem perder de vista o objetivo maior: reposicionar a organização no mercado e transformar o modelo de negócios.

Tabela 10. Matriz de fases de inovação para o *roadmap*.
Fonte: o autor.

Fase	Descrição	Indicadores	Tempo estimado
Corrigir o básico	Resolver gargalos e criar uma base para a operação.	Redução de erros operacionais, SLA cumprido	6-12 meses
Fazer o básico brilhante	Melhorar processos essenciais e elevar a qualidade de serviços.	NPS, CES, aumento de eficiência operacional	12-18 meses
Novos produtos	Expandir para novas ofertas e mercados complementares.	Receita incremental, adoção de novos produtos	18-24 meses
Novos modelos de negócios	Criar soluções disruptivas que reimaginam o papel da organização no mercado.	ROI de inovação, receita de novos modelos	24+ meses

Exemplo de aplicação:

- **Corrigir o básico:** automatizar processos administrativos críticos, reduzindo o tempo de execução em 30%.
- **Fazer o básico brilhante:** implementar NPS para monitorar a experiência do cliente em serviços essenciais.
- **Novos produtos:** lançar uma plataforma de serviços digitais integrada a novos mercados.
- **Novos modelos de negócios:** introduzir IA generativa para personalização em massa de serviços ou produtos.

A figura a seguir organiza a transformação digital em etapas claras, partindo de ações fundamentais até a criação de novos modelos de negócio. Embora os detalhes específicos das iniciativas tenham sido suprimidos por questões estratégicas, o desenho destaca a importância de um progresso estruturado, com as fases sequenciais alinhadas aos **horizontes de inovação H1, H2 e H3**.

Esses horizontes são uma proposição amplamente conhecida da McKinsey para segmentar inovações entre incrementais e transformacionais (CARVALHO, 2022). O H1 refere-se a iniciativas focadas no curto prazo, com melhorias incrementais e operacionais; o H2 explora expansões em produtos e territórios adjacentes; e o H3 projeta mudanças disruptivas e transformações no modelo de negócio. Essa segmentação é essencial para o *roadmap* contemplar tanto as necessidades imediatas quanto as aspirações de longo prazo.

Essa representação visual reflete a prática desenvolvida e aplicada ao longo da minha experiência em empresas como Ânima Educação, Amil e Funcional. É uma ferramenta poderosa para alinhar equipes, priorizar ações e comunicar objetivos estratégicos.

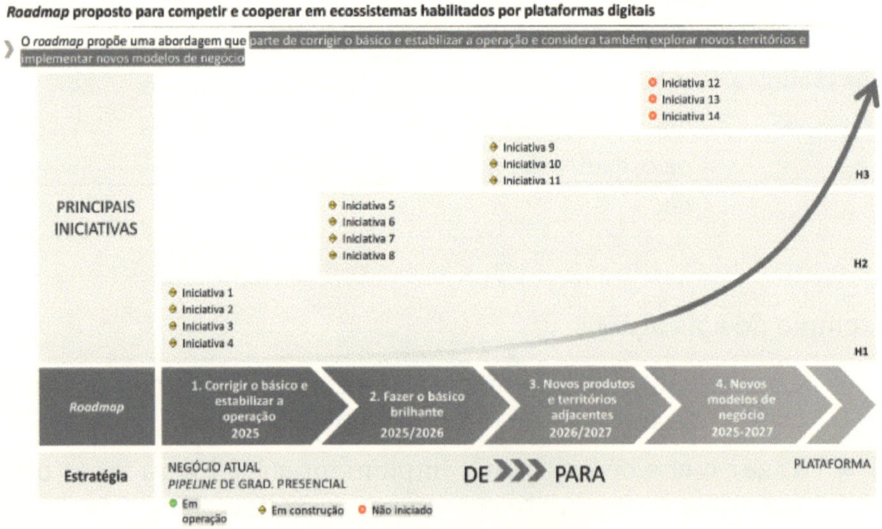

Figura 18. *Roadmap*.
Fonte: o autor.

A estrutura apresentada é útil para criar uma visão de longo prazo enquanto a execução do básico é mantida.

Agora vamos explorar uma segunda abordagem, mais tática, que organiza o *roadmap* a partir de quadrantes de impacto e esforço e prioriza as ações que trarão resultados mais imediatos.

Abordagem 2: quadrantes de priorização

Baseada na **Matriz de Impacto e Esforço**, apresentada no Capítulo 8, esta abordagem organiza as iniciativas em quadrantes que ajudam a decidir o ritmo de execução com base no impacto esperado e no esforço necessário.

Embora essa estrutura simplifique a comunicação da priorização das frentes, **ela não apresenta, com clareza, a ordem de execução**. No contexto de transformação digital e IA, a rigidez de um cronograma detalhado pode ser um obstáculo, já que o aprendizado contínuo e a adaptação são fatores críticos para o sucesso. Um **certo dinamismo é esperado** no programa de transformação, e o excesso de planejamento de longo prazo pode criar falsas expectativas ou engessar a tomada de decisão.

Por isso, é essencial equilibrar expectativas: **as frentes de curto prazo devem ter prazos bem definidos, enquanto o horizonte de longo prazo deve permanecer mais flexível**. Muitas vezes, o verdadeiro impacto da transformação não virá de um plano linear, mas da **capacidade de reagir rapidamente aos aprendizados das primeiras entregas e ao *feedback* dos clientes**. A priorização deve funcionar como um **guia**, não como um roteiro fixo. Assim, oportunidades emergentes são incorporadas ao programa à medida que a jornada avança.

Esse tipo de *roadmap* pode ser elaborado a partir de **dinâmicas de identificação de prioridades e qualificação**, como *workshops* interativos com *stakeholders*, análises de dados internos e externos e sessões de priorização com base no impacto no negócio. Essas práticas ajudam a criar um plano tático de execução **robusto e ágil** e alinha cada quadrante às necessidades imediatas do negócio, sem perder a conexão com os objetivos estratégicos mais amplos da organização.

Tabela 11. Matriz de quadrantes.
Fonte: o autor.

Quadrante	Descrição	Indicadores
Quick wins	Alto impacto, baixo esforço. Ideal para gerar resultados rápidos.	Redução de custos, tempo de resposta
Big bets	Alto impacto, alto esforço. Projetos estratégicos com potencial transformador.	Receita incremental, retenção
Quick starts	Baixo impacto, baixo esforço. Perfeito para treinamento e experimentação.	Taxa de adoção inicial
Do later	Baixo impacto, alto esforço. Projetos que podem ser adiados para fases futuras.	Impacto estratégico de longo prazo

Exemplo de aplicação:

Quick win: *chatbot* para automatizar FAQs, reduzindo o tempo médio de resposta em 50%.

Big bet: plataforma de IA para análise preditiva de comportamento do cliente, integrando-a ao CRM.

Quick starts: *workshops* de IA para equipes entenderem aplicações básicas.

Do later: *blockchain* para gerenciar certificações e dados complexos.

Resultados esperados: alinhando o *roadmap* às dimensões de impacto

Independentemente da abordagem escolhida, o *roadmap* deve entregar resultados mensuráveis em três dimensões principais, já discutidas anteriormente no livro:

- **Eficiência operacional**
  - Redução de custos administrativos em 20%.
  - Melhoria no SLA de atendimento em até 90%.
- **Experiência do cliente**
  - Aumento do NPS em 15 pontos em um ano.
  - Redução do *churn* de clientes em 10%.
- **Novos modelos de receita**
  - Geração de 30% de receita incremental com novos produtos digitais.
  - Aumento da taxa de adoção de novas soluções em 25%.

Alinhando estratégias: construindo um *roadmap* digital e de IA

As duas abordagens apresentadas (fases sequenciais e quadrantes de priorização) se complementam. Cada uma reflete diferentes perspectivas organizacionais. Líderes devem escolher ou combinar os métodos de acordo com o contexto e as prioridades estratégicas.

As fases sequenciais fornecem uma visão aspiracional, ideal para orientar a transformação ao longo de anos. Por outro lado, os quadrantes oferecem uma abordagem tática e mais imediata.

O *roadmap*, no entanto, vai além de ser um cronograma ou uma lista de entregas. Ele traduz a visão em ações concretas e resultados mensuráveis. Ao focar nas dimensões de eficiência operacional, experiência do cliente e geração de novas receitas, o *roadmap* garante que cada etapa seja conduzida com propósito e alinhamento estratégico. Como já mencionado, "não tenha pressa, tenha rumo e cadência" é um princípio fundamental para sustentar essa jornada.

Reflexões finais sobre o *roadmap* digital e de IA

O *roadmap* funciona como um mecanismo de aprendizado e evolução. Ao dividir as iniciativas em fases de curto, médio e longo prazo e permitir a revisão constante do progresso, ele ajuda a organização a se adaptar às mudanças no mercado sem perder o foco nos objetivos estratégicos.

E para os críticos que consideram o *roadmap* algo que induz ao "escopo fechado", aqui vai uma verdade prática: o *roadmap* é como um GPS. Ele orienta o caminho e pode ser reconfigurado sempre que necessário, mas sem ele há uma chance enorme de você andar em círculos, desperdiçando tempo e recursos.

Claro que o sucesso da transformação vai além do planejamento: é crucial medir os impactos ao longo da jornada. No próximo capítulo, explorarei como a adoção de indicadores de mensuração ajuda a monitorar o impacto das iniciativas, ajustar estratégias e assegurar que cada esforço esteja alinhado à criação de valor para o negócio e seus *stakeholders*. ■

“O roadmap é como um GPS. Ele orienta o caminho e pode ser reconfigurado sempre que necessário, mas sem ele há uma chance enorme de você andar em círculos, desperdiçando tempo e recursos.”

CAPÍTULO 11

MEDINDO OS RESULTADOS

Ao longo da minha jornada na transformação digital, uma das buscas mais constantes tem sido entender como mensurar o impacto real das iniciativas digitais. Essa fascinação pela mensuração me levou a fazer o mestrado profissional em administração pela FIA, onde dediquei minha dissertação ao tema "Mensuração do impacto da transformação digital em empresas de serviço no Brasil". Durante essa pesquisa, uma das descobertas mais significativas foi a definição de três dimensões principais para avaliar os resultados da transformação digital: eficiência operacional, experiência do cliente e novos modelos de negócios.

Além dessas três dimensões, uma quarta surgiu das entrevistas com especialistas: o impacto social e ambiental. No entanto, à época, não havia um referencial teórico consolidado que sustentasse essa dimensão de forma estruturada. Desde então, venho trabalhando nessa "Tríade Digital" – eficiência, experiência e novos modelos de negócios – para orientar iniciativas de transformação, enquanto acompanho de perto a evolução da dimensão social e ambiental no cenário corporativo.

Para facilitar a visualização dos resultados e dos respectivos indicadores identificados durante a dissertação, apresento a seguir uma tabela que sintetiza essas dimensões e os principais KPIs associados.

Tabela 12. KPIs associados às dimensões.
Fonte: o autor.

Dimensões de resultado	Indicadores
Eficiência operacional	- Redução da proporção entre as despesas administrativas e a receita bruta
	- Redução do tempo de atividades
	- Redução de custo de atividades

Dimensões de resultado	Indicadores
Experiência do cliente	- Redução do *churn* de clientes
	- Aumento do tempo de relacionamento com o cliente
	- Aumento de participação de mercado
	- Aumento da recorrência de compra
Novos modelos de negócios	- Velocidade de adesão de novos clientes
	- Taxa de crescimento de novos produtos ou serviços
	- Participação de novos produtos na receita bruta

Essa tabela serve como um ponto de partida para a definição dos KPIs, mas é importante destacar que cada empresa deve adequá-los à sua realidade. Esse também foi um dos principais achados da pesquisa: não existe uma fórmula única para todos os contextos. A personalização dos KPIs é essencial para refletir as particularidades de cada organização e setor.

Definição de KPIs para cada dimensão

A definição de **KPIs** é o primeiro passo para mensurar o impacto da transformação digital. Eles devem ser escolhidos cuidadosamente para refletir as metas estratégicas da organização e possibilitar ajustes baseados em dados. Embora alguns dos indicadores aqui apresentados estejam alinhados com os resultados da minha dissertação, **parte deles foi propositalmente ajustada e expandida** para oferecer **mais possibilidades aos leitores**. A intenção é que os exemplos sirvam como inspiração para diferentes contextos, mesmo que tenham sido aplicados em setores da economia onde tenho maior vivência, como educação, saúde suplementar e varejo farmacêutico.

Cada organização deve adaptar esses KPIs à sua realidade específica, garantindo que sejam relevantes para os seus objetivos e desafios únicos.

KPIs de eficiência operacional

- **Redução de custos operacionais:** mede economias obtidas com automação e melhorias em processos. **Exemplo em saúde suplementar:** reduzir em 25% os custos administrativos por meio da automação de triagens e autorizações médicas.
- **Tempo médio de execução de processos:** avalia a agilidade das operações após a adoção de tecnologias digitais. **Exemplo em varejo farmacêutico:** reduzir o tempo médio de reposição de estoques em farmácias independentes de três dias para um dia, com uso de ferramentas de integração.
- **Taxa de erro e MTTR (*Mean Time to Recover*):** mede a eficiência na resolução de problemas críticos. **Exemplo em educação:** diminuir em 30% o tempo médio de recuperação de sistemas acadêmicos para evitar interrupções em períodos críticos, como matrículas e provas.

KPIs de experiência do cliente

- **CSAT (*Customer Satisfaction Score*):** avalia a satisfação geral dos clientes em relação a produtos e serviços. **Exemplo em saúde suplementar:** monitorar o CSAT para serviços de telemedicina, avaliando agilidade e qualidade do atendimento.
- **NPS (*Net Promoter Score*):** mede a lealdade do cliente e a probabilidade de recomendação. **Exemplo em educação:** acompanhar o NPS de alunos após a implementação de trilhas personalizadas de aprendizado.
- **Taxa de *churn*:** mede a retenção de clientes. **Exemplo em varejo farmacêutico:** reduzir a taxa de *churn* em 15% após a adoção de programas de fidelidade baseados em personalização por IA.

KPIs de geração de novas receitas

- **Receita de novos produtos e serviços digitais:** mede o impacto de novas soluções digitais no faturamento. **Exemplo em educação:** monitorar a receita gerada por cursos *on-line* de curta duração lançados em parceria com *edtechs*.
- **Taxa de crescimento de novas soluções:** avalia a adoção e a performance de novos produtos. **Exemplo em saúde suplementar:** medir a adoção de um aplicativo para marcação de consultas com base em recomendações personalizadas.

- **ROI de inovação:** calcula o retorno sobre o investimento em iniciativas digitais. **Exemplo em varejo farmacêutico:** comparar os custos de desenvolvimento de um sistema de *chatbot* com as vendas adicionais geradas por sua implementação.

Apesar da crescente maturidade na mensuração de KPIs operacionais e de experiência do cliente, **a dimensão de novos modelos de negócio e novas receitas segue sendo um dos grandes desafios da transformação digital**, tanto do ponto de vista de **mensuração** quanto de **execução**. Essa frente tem um **potencial elevado de conflitos internos**, uma vez que representa, muitas vezes, interferências diretas em áreas estabelecidas da organização, como **marketing e vendas, produtos e finanças**.

Por essa razão, **essa dimensão é a que mais necessita de suporte direto do CEO** para que novas iniciativas ganhem força e não sejam barradas por resistências internas. Não é incomum que essa terceira dimensão de resultado seja liderada por outro **C-*level* que não o CTO**, justamente para mitigar os conflitos internos e facilitar a implementação de novas fontes de receita sem ameaçar estruturas já consolidadas.

Implementação e monitoramento contínuo

A mensuração eficaz exige a **integração de KPIs em sistemas de *Business Intelligence* (BI)** e a criação de **ritos de revisão** que garantam ações baseadas em dados. Conforme abordado no **Capítulo 6, no tópico sobre monitoramento e ajustes contínuos**, a definição da estratégia digital e de IA precisa ser acompanhada por um ciclo estruturado de avaliação de impacto para que seja possível revisar iniciativas e realocar investimentos conforme os resultados obtidos.

Neste capítulo, avançamos da perspectiva conceitual para uma abordagem mais **tática e operacional**, detalhando **como mensurar e garantir a regularidade da apuração e análise dos dados**. A adoção de ferramentas para monitoramento e visualização dos KPIs permite medir o impacto das iniciativas e facilita sua comunicação para os *stakeholders* estratégicos.

Sem dados confiáveis sobre a adoção de tecnologias, **dificilmente o volume de investimentos em transformação digital e IA se manterá ou crescerá**. Em alguns casos, o programa está **gerando bons resultados**, mas, por falhas na comunicação dos avanços, **acaba sendo questionado ou até desacelerado**. Portanto, investir na **digitalização da mensuração dos resultados** - desde a concepção das soluções, garantindo que elas já capturem os dados necessários, até o uso de ferramentas de visualização e análise - é essencial para maximizar o impacto e a continuidade das iniciativas.

Integração com sistemas de BI e *dashboards*

- **Automação do monitoramento:** configure ferramentas como Tableau, Power BI ou Looker para rastrear KPIs em tempo real. **Exemplo em educação:** um *dashboard* consolidado pode monitorar a evolução da taxa de retenção de alunos após a implementação de uma nova solução digital.
- ***Dashboards* personalizados:** crie visões específicas para cada nível da organização.

> **Dica prática: configure *dashboards* para que o CEO veja métricas estratégicas (NPS, ROI) enquanto os líderes operacionais acompanham métricas mais detalhadas, como taxa de adoção e eficiência de processos.**

Ritos de revisão dos KPIs

- **Reuniões mensais de acompanhamento:** garantem que os resultados estejam no caminho certo. **Exemplo no varejo farmacêutico:** uma revisão mensal pode identificar gargalos na logística de pedidos *on-line* e definir ações corretivas.
- **Revisões estratégicas trimestrais:** permitem análises mais aprofundadas e realinhamentos. **Exemplo em saúde suplementar:** avaliar trimestralmente o impacto de um sistema de triagem automatizado na redução de custos e na experiência do paciente.

EXEMPLO DE ADOÇÃO DE KPIs NA TRANSFORMAÇÃO DIGITAL
Cenário: uma universidade privada lançou um programa de transformação digital para personalizar a jornada do aluno e otimizar a gestão acadêmica. **KPIs monitorados:** **Eficiência operacional:** *tempo médio para resolver solicitações de alunos e custo por interação.* **Experiência do cliente:** NPS *e taxa de adoção de um novo portal acadêmico.* **Novas receitas:** *receita de cursos on-line e adesão a programas de curta duração.*
Resultados e ações corretivas: Após seis meses, a universidade reduziu o tempo de resolução de solicitações em 40% e observou um aumento de 20% na satisfação dos alunos. No entanto, a taxa de adoção do novo portal ficou abaixo do esperado. A universidade lançou, então, uma campanha de comunicação e ampliou a usabilidade do sistema, resultando em maior adesão no trimestre seguinte.

KPIs para IA generativa: medindo o sucesso da nova fronteira da transformação

Com o crescente uso de IA generativa em soluções corporativas, a mensuração de seu impacto torna-se indispensável. Diferentemente de outras tecnologias digitais, a IA generativa requer KPIs específicos que levem em conta tanto os resultados tangíveis quanto os desafios inerentes à adoção dessa nova fronteira tecnológica. Medir o impacto garante o alinhamento da tecnologia aos objetivos estratégicos da organização, facilita ajustes e aumenta as chances de sucesso.

Definição de KPIs para IA generativa

O relatório do Google Cloud (AGGARWAL; LIU, 2023) destaca três categorias essenciais de KPIs para IA generativa, que podem ser ajustadas dependendo da aplicação:

1. KPIs de eficácia do modelo

- **Precisão:** mede a capacidade do modelo de gerar saídas que atendam às expectativas. Exemplo: Percentual de respostas corretas em um *chatbot* baseado em IA generativa.
- **Taxa de sucesso de uso final:** avalia quantas vezes o conteúdo gerado atende às necessidades do usuário sem ajustes adicionais. Exemplo: geração de contratos ou resumos automáticos sem a necessidade de edição humana.

2. KPIs de eficiência operacional

- **Redução do tempo de tarefas:** mede a economia de tempo em processos operacionais devido à automação generativa. Exemplo: reduzir o tempo médio para criação de campanhas de marketing de três dias para algumas horas.
- **Custo por geração:** avalia o custo energético e computacional de cada iteração do modelo. Exemplo: comparar o custo de rodar um modelo localmente *versus* usar serviços de nuvem otimizados.

3. KPIs de experiência e adoção pelo usuário

- **Satisfação do usuário:** utilizar métricas como CSAT (*Customer Satisfaction Score*) ou NPS (*Net Promoter Score*) para avaliar a experiência. Exemplo: um aumento no NPS após a adoção de IA generativa para personalizar interações de atendimento.
- **Taxa de adoção:** mede a utilização do sistema de IA generativa pelos usuários. Exemplo: percentual de uso diário de um assistente de IA em uma ferramenta de produtividade interna.

Desafios na mensuração de IA generativa

Os KPIs tradicionais muitas vezes não são suficientes para capturar toda a complexidade e o impacto da IA generativa. Além disso, existem desafios éticos e técnicos relacionados à mensuração, como:

- **Viés nos dados:** o modelo deve gerar resultados justos e não discriminatórios.
- **Sustentabilidade:** o impacto ambiental da infraestrutura necessária para treinar e rodar modelos avançados deve ser considerado.
- **Interpretação dos resultados:** algumas saídas da IA podem ser subjetivas, dificultando a avaliação quantitativa.

Exemplo prático: aplicação de KPIs em educação

Em um projeto voltado para personalizar a experiência de aprendizagem em universidades, KPIs foram definidos para avaliar o impacto da IA generativa:

- **Eficácia do modelo:** percentual de materiais educacionais gerados automaticamente que foram aprovados por professores.
- **Eficiência operacional:** redução de 40% no tempo necessário para criar conteúdo customizado para turmas específicas.
- **Experiência do usuário:** aumento de 20% na satisfação dos alunos com as ferramentas de aprendizado digital, medido por CSAT.

Apesar de estarmos falando sobre a mensuração de uma tecnologia emergente como a IA generativa, a natureza dos KPIs não mudou substancialmente. No final das contas, os indicadores ainda estão associados a algo muito simples e essencial: o sucesso e o impacto junto ao negócio. Se a IA generativa está ajudando a empresa a economizar tempo, aumentar receita ou melhorar a experiência do cliente, isso precisa estar refletido nos KPIs.

E, em tom mais informal, vale dizer: minha dissertação, feita na "era pré-IA generativa", ainda tem muita aderência frente a essa proposição do Google Cloud. A lógica continua a mesma – mensurar impacto real, seja ele em eficiência, experiência ou na criação de novos modelos de negócio. Afinal, a tecnologia muda, mas o que realmente importa continua sendo o valor que ela entrega para o negócio e para as pessoas.

No próximo bloco, vamos discutir como integrar esses KPIs ao sistema de gestão da organização e garantir que a mensuração dos resultados da IA generativa se torne uma parte natural do processo de transformação digital, sempre alinhada aos objetivos estratégicos.

Integração de *stakeholders* na mensuração

No contexto de transformação digital, medir resultados vai além de eficiência e experiência do cliente. A inclusão de perspectivas de diferentes *stakeholders* amplia a capacidade da organização de identificar lacunas e oportunidades. Um exemplo prático dessa abordagem é a matriz utilizada pela Ânima Educação, que mede o progresso de iniciativas digitais com base em quatro perfis principais: candidatos (processo de inscrição), estudantes enquanto clientes de serviços, estudantes em sua experiência educacional e professores.

Essa matriz, representada na imagem a seguir, permite acompanhar indicadores estratégicos organizados em pilares específicos, com metas anuais bem definidas para cada grupo de *stakeholder*.

Interações acadêmicas e solicitações de serviço	Transactions	Peso	Dec-22	YTD Atual	Target Dez 23	Target Dez 24	Target Dez 25
KPIs de Transformação Digital	8.522.364		36%	45,6%	54%	64%	76%
1. CANDIDATO	-	25,0%	41,6%	46,8%	52,7%	60,1%	70,8%
1.1. Informações e consideração para inscrição (Prospects/Leads)	-	10%	39%	42%	44%	48%	52%
1.1.1. % de leads gerados via marketing digital		40%	90%	95%	95%	97%	100%
1.1.2. % de leads convertidos em inscritos		60%	5%	7%	10%	15%	20%
1.2. Processo de Inscrição (Leads/Candidatos)	-	40%	55%	60%	66%	70%	74%
1.2.1. % de inscrições para o vestibular realizadas online		50%	80%	85%	94%	95%	97%
1.2.2. % de candidatos que concluíram o processo seletivo		50%	30%	35%	39%	44%	51%
1.3. Comunicação e Engajamento (Jornada do candidato)	-	20%	54%	64%	71%	79%	81%
1.4. Matricula Digital (Conversão)	-	30%	16%	19%	26%	39%	66%
2. ESTUDANTE - SERVIÇOS	-	25,0%	48,7%	55,6%	61,9%	71,8%	83,3%
2.1. Rematrícula Digital	-	20%	36%	42%	52%	66%	80%
2.2. Acesso aos Serviços Financeiros	-	20%	91%	96%	98%	99%	99%
2.3. Acesso aos Serviços Acadêmicos	-	40%	55%	62%	65%	72%	84%
2.4. Comunicação e Feedback (relacionamento)	-	20%	8%	15%	30%	50%	70%
3. ESTUDANTE - EXPERIÊNCIA EDUCACIONAL	1.022.364	25,0%	30,1%	44,4%	54,7%	67,2%	82,2%
3.1. Suporte educacional e tutoria	39.968	5%	20%	30%	44%	57%	76%
3.2. Avaliação e Desempenho	339.969	30%	34%	54%	65%	78%	93%
3.3. Acesso a recursos de aprendizagem	450.016	35%	25%	42%	52%	63%	74%
3.4. Vida & Carreira, Atividades Complementares, Estágio e Extensão	192.411	30%	33%	41%	49%	63%	82%
4. PROFESSORES	7.500.000	25,0%	25,2%	35,6%	47,9%	58,0%	67,9%
4.1. Adoção de Ferramentas Digitais	1.600.000	30%	18%	34%	49%	62%	77%
4.2. Onboarding	1.200.000	10%	16%	31%	50%	61%	72%
4.3. Interação com Estudantes	4.000.000	40%	10%	16%	28%	38%	49%
4.4. Atividades administrativas	700.000	20%	73%	80%	85%	90%	90%

Figura 19. Interações acadêmicas e solicitações de serviços.
Fonte: o autor.

Os números apresentados na matriz são meramente ilustrativos e têm como objetivo exemplificar como uma organização pode estruturar e monitorar seus indicadores de transformação digital. Eles não refletem a realidade interna da Ânima Educação ou de qualquer outra instituição mencionada no texto.

Estrutura da matriz de KPIs

Os KPIs da Ânima Educação são categorizados da seguinte forma:

1. **Candidato.** São usados indicadores como taxa de *leads* convertidos em inscritos, inscrições realizadas *on-line* e engajamento durante a jornada do candidato. Exemplo de aplicação: monitorar a conversão de *leads* gerados via marketing digital para ajustar campanhas e estratégias de captação.
2. **Estudante – Serviços.** Abrange serviços administrativos e financeiros, como rematrícula digital. Exemplo de aplicação: avaliar a adoção de serviços digitais como um termômetro para entender o nível de maturidade digital dos alunos em relação à plataforma.
3. **Estudante – Experiência educacional.** Foco em indicadores relacionados à qualidade da experiência acadêmica, como suporte educacional, trilhas de aprendizado personalizadas e atividades complementares. Exemplo de aplicação: analisar a efetividade de iniciativas digitais na melhoria do desempenho e satisfação dos alunos.
4. **Professores.** Indicadores incluem a adoção de ferramentas digitais, interação com estudantes e melhoria de processos administrativos. Exemplo de aplicação: monitorar o engajamento dos professores com plataformas digitais e promover capacitações específicas.

O conceito dessa matriz de KPIs pode ser extrapolado para **outras indústrias e seus respectivos *stakeholders***. A liderança de tecnologia deve fazer uma leitura apurada do cenário, compreendendo as **expectativas de resultado** e identificando os **artefatos mais eficazes para comunicação**. Cada organização possui um histórico de experiências prévias com gestão de desempenho e transformação digital, o que influencia diretamente na forma como os KPIs são estruturados e monitorados. Assim, a adaptação dos mecanismos de mensuração deve levar em conta **a cultura organizacional, os desafios específicos do setor e a maturidade digital dos times envolvidos**.

Escolhas e renúncias: o papel do foco

> "Mostre-me os incentivos que eu lhe mostrarei o resultado." – Charlie Munger, investidor e ex-vice-presidente da Berkshire Hathaway.

A matriz da Ânima Educação também ilustra um ponto essencial na gestão de KPIs: a necessidade de priorizar. Mensurar tudo é tão perigoso quanto não mensurar nada. Como destacado por Charlie Munger, os incentivos certos moldam comportamentos, e métricas mal calibradas podem levar times inteiros a otimizar para o que está sendo medido, não necessariamente para o que realmente importa. O processo de definição de indicadores envolve escolhas difíceis. Renunciar a algumas métricas em favor de foco estratégico é vital para que os bons projetos recebam os recursos necessários para prosperar.

É importante destacar que a adoção da matriz enfrentou e ainda enfrenta alguns desafios, não tendo sido completamente incorporada à cultura da empresa. A mensuração, por vezes, é vista como uma forma de pressão sobre os times - e se as pessoas de negócio ou mesmo a liderança executiva não utilizarem ativamente o material, as equipes tendem a abandoná-lo. Persistir no uso e reforçar a relevância da matriz é essencial para criar um parâmetro claro sobre o processo de transformação.

Essa não foi minha primeira experiência com esse tipo de abordagem. Na Amil, implementei uma matriz equivalente, com grande sucesso, graças ao apoio do global da UHG, controladora da empresa. Lá, a matriz era a principal ferramenta de prestação de contas nos encontros periódicos de *checkpoint* da transformação. O suporte institucional foi um fator crítico para que os times a adotassem e para que os indicadores se tornassem parte integrante da rotina de gestão.

Por fim, fica um aprendizado importante: nem tudo que funciona em um contexto vai dar certo em outro. Adaptação é a chave. Indicadores precisam ser escolhidos conforme a realidade de cada organização porque, no final das contas, a transformação digital depende mais da cultura do que de fórmulas universais. E, como ensina Munger, aquilo que você mede e incentiva define o rumo da sua empresa. Por isso, escolher as métricas certas não é apenas um detalhe, mas uma decisão estratégica fundamental.

Conectando os pontos: da estratégia à mensuração de resultados

Ao longo deste livro, percorremos uma jornada estruturada de transformação digital e inteligência artificial, desde a introdução ao conceito e seus desafios até a mensuração dos resultados obtidos. Cada capítulo trouxe elementos fundamentais para garantir que essa transformação seja sustentável, eficaz e capaz de gerar impacto real nos negócios.

Começamos pela **definição da estratégia digital e de IA**, enfatizando que a transformação digital não se resume à digitalização de processos, mas à construção de novos modelos de negócios, à criação de valor sustentável e à diferenciação competitiva. Em seguida, exploramos **fatores habilitadores**, como a avaliação da maturidade digital, a cultura organizacional e a capacitação de talentos, elementos que preparam o terreno para mudanças bem-sucedidas.

Avançamos para a **estruturação do programa de transformação digital e IA**, onde discutimos como compor um **portfólio de iniciativas**, equilibrando esforços entre ganhos de eficiência, melhorias na experiência do cliente e inovação de modelos de negócios. Aprofundamos a importância de um ***business case*** sólido, que justifique investimentos alinhados às expectativas da organização.

Prosseguimos com a **construção de um *roadmap* digital**, garantindo que a execução seja organizada, ágil e orientada por métricas claras. E, finalmente, chegamos à **mensuração dos resultados**, peça-chave para validar os impactos das iniciativas e assegurar a continuidade dos investimentos. Sem dados concretos que demonstrem o valor gerado, qualquer programa de transformação corre o risco de ser desacelerado ou até mesmo descontinuado.

Agora, com todos os elementos conectados, é hora de trazer uma perspectiva mais humana. A transformação digital e a inteligência artificial não são apenas sobre tecnologia, mas sobre pessoas, aprendizado contínuo e troca de experiências entre aqueles que estão na linha de frente dessas mudanças. O próximo capítulo, **"Aprendizados de quem transforma para quem transforma"**, reúne reflexões que fazem parte desse caminho, reforçando que estamos todos aprendendo e construindo juntos o futuro. ■

“Sem dados concretos que demonstrem o valor gerado, qualquer programa de transformação corre o risco de ser desacelerado ou até mesmo descontinuado.”

CAPÍTULO 12

APRENDIZADOS

Reflexões pessoais e olhar para o futuro

> "Você não consegue conectar os pontos olhando para frente; só consegue conectá-los olhando para trás." — Steve Jobs, em discurso em Stanford, 2005.

Ao olhar para trás, percebo que minha jornada na transformação digital é, antes de tudo, uma jornada de transformação pessoal. A busca por ser um profissional mais técnico, mais preparado e mais atualizado sempre andou de mãos dadas com a busca por ser uma pessoa melhor. Essa conexão é inevitável, porque não há transformação digital bem-sucedida se as pessoas não se transformarem.

Essa é uma das lições mais profundas que aprendi: a tecnologia é poderosa, mas é apenas uma ferramenta. São as pessoas que definem como aplicá-la para gerar impacto real nas empresas e na sociedade. Em cada iniciativa digital que lidero, nunca perco de vista o impacto humano. Sempre me pergunto: como esta solução melhora a vida de alguém? Como ela respeita as trajetórias de pessoas que serão afetadas por mudanças tão disruptivas quanto as trazidas pela inteligência artificial e pela automação?

Muito do que realizei como executivo, conselheiro e empreendedor foi movido por essa preocupação central com a humanização. Cada decisão estratégica, cada programa de transformação digital, carrega o compromisso de respeitar o legado humano, mesmo enquanto a tecnologia avança. Essa é uma tensão constante, mas necessária.

Aprendi que a carreira não é uma linha reta nem um destino final. É um processo contínuo de construção, onde o autoconhecimento é a base. Logo cedo, o trabalho foi o ambiente ideal para canalizar minha energia, mas foi ao longo dos anos que percebi: o maior desafio sempre será *você contra você mesmo*. Todos os embates no trabalho – com prazos, entregas e até conflitos interpessoais – são, em última análise, sobre como você reage a eles, como aprende e cresce.

Eu costumava pensar em transformação digital como um esforço majoritariamente técnico. Hoje, vejo que é uma construção que começa no humano. A variável constante em todas as mudanças, em todos os ciclos e em todas as crises é você. É sua capacidade de aprender, de se adaptar e, principalmente, de transformar a si mesmo.

O papel das relações e da diversidade de experiências

Um dos aspectos mais reveladores dessa caminhada foi o valor do *networking*. Construir e nutrir relações profissionais nunca foi algo que fiz de maneira estratégica no início, mas a importância dessa rede de contatos se revelou de forma clara à medida que minha carreira avançava. Ter acesso a múltiplos contextos, ideias e perspectivas (seja por meio de conselhos empresariais, parcerias estratégicas ou até mesmo o convívio com *startups*) trouxe *insights* valiosos para cada passo que dei.

Estar em São Paulo também teve um impacto significativo. É um ecossistema de oportunidades e diversidade, que estimula a troca constante de ideias e a proximidade com *headhunters*, investidores e executivos. Além disso, diversificar vínculos, seja como conselheiro, mentor ou investidor, ampliou minha capacidade de contribuir de maneira mais ampla e inovadora.

Essa troca constante reforça outro aprendizado: o longo prazo deve sempre prevalecer, mas com avanços mensuráveis no curto prazo. A cada novo projeto, o foco é pensar em como ele se alinha a um futuro maior, sem perder de vista as entregas de valor que podem ser feitas agora.

Três aprendizados-chave

1. Não há transformação digital bem-sucedida sem pessoas comprometidas em se transformar. **Invista na sua evolução pessoal e profissional**, e reconheça o impacto humano em cada iniciativa que liderar.

2. **Construa relações profissionais fortes e participe de diferentes contextos**, seja como conselheiro, investidor ou mentor. Essa diversidade enriquece suas decisões e amplia sua visão de mundo.
3. **Mantenha o foco em um propósito de longo prazo, mas garanta entregas de valor no presente**. Esse equilíbrio é essencial para avançar de maneira sustentável e consistente.

Resultados são sempre coletivos

Enquanto reflito sobre os aprendizados que marcaram minha jornada, é essencial reforçar que os resultados mencionados ao longo deste livro não são fruto de esforços individuais, mas de trabalhos em equipe. Foram inúmeras pessoas, com habilidades diversas e dedicação incansável, que tornaram essas conquistas possíveis. Cada resultado aqui descrito reflete a força do trabalho coletivo, e é um privilégio ter aprendido com essas experiências.

Acredito profundamente no poder das parcerias e nas conexões que criamos ao longo do caminho. A confiança mútua e o compromisso com o crescimento conjunto sempre geram impactos mais profundos do que qualquer conquista isolada.

Além disso, se há algo que aprendi é que não basta apenas adquirir novos conhecimentos – desaprender é tão essencial quanto aprender. Desafiar crenças estabelecidas, rever processos e abrir espaço para novas formas de pensar são movimentos fundamentais para inovar e crescer. Minha esperança é que as ideias compartilhadas inspirem outras lideranças a potencializar suas equipes, pois é através delas que o verdadeiro impacto é gerado.

Um balanço até aqui

Este livro reflete minha trajetória até o momento, mas conectar o futuro exige que a transformação digital, tanto nas empresas quanto em mim mesmo, permaneça em movimento. Ainda há muito por vir, seja percorrendo um plano estabelecido ou trilhando um novo caminho, especialmente na interseção entre tecnologia, negócios e humanidade.

Meu mundo mudou de tamanho muitas vezes. Mudou quando assumi responsabilidades que não imaginava ser capaz de carregar, quando vi minha vida adulta começar com um Plano B após a realidade se impor, e quando esse mesmo Plano B, com o tempo, se revelou muito melhor do que o Plano A. Conectar o futuro sempre exigiu atravessar desafios e redefinir rotas. Por ter participado de inúmeras reestruturações e tomado decisões difíceis, aprendi que a forma como conduzimos algo é mais importante do que o próprio resultado. Sempre há uma maneira respeitosa de dizer algo com franqueza e verdade.

Sou profundamente grato à minha família, que sempre foi minha base e inspiração. Ao meu pai, Dr. Aluizio, que me ensinou o valor da dedicação e da empatia; aos meus irmãos, que compartilharam comigo tantas etapas da vida; aos meus filhos, que me mostram diariamente o significado de propósito; e à Priscilla, por ser meu alicerce e minha parceira em cada conquista.

Se há algo que desejo deixar como mensagem final é que a transformação, seja ela pessoal ou digital, não é um destino, mas um processo contínuo. A travessia entre o presente e o futuro acontece a cada decisão, a cada aprendizado, a cada mudança de perspectiva. Que tenhamos coragem de crescer, de impactar vidas e de nos tornarmos melhores. De travessia em travessia, a conexão com o futuro se apresenta, nos desafiando a construir um legado que nos orgulhe e nos impulsione.

O que vem a seguir

> "Mudança é o processo no qual o futuro invade nossas vidas."
> — Alvin Toffler, futurista e autor de *O Choque do Futuro*.

Embora este livro marque um ciclo importante, ele também abre espaço para novas possibilidades. Meu desejo é seguir liderando programas de transformação digital e de IA, mas também me abrir para novos papéis que ampliem meu impacto.

As empresas vêm sendo lideradas por praticamente todos os *C-levels* (CFOs, CMOs, lideranças de RH), mas ainda há poucos CTOs que fazem essa transição para o papel de CEO. Quero fazer parte dessa geração de CTOs que se tornam CEOs, não por ambição pessoal, mas por acreditar que a tecnologia deve estar presente de forma transversal, integrada à estratégia e ao negócio de toda organização. Acredito que esse movimento se fortalece ainda mais quando somado a um interesse genuíno por desenvolver pessoas, algo que procurei deixar evidente neste livro.

Além disso, a participação em conselhos parece ser uma evolução natural para mim. Estou investindo na preparação adequada e participando do curso de formação de conselheiros na Fundação Dom Cabral. Essa iniciativa reforça meu compromisso em contribuir de maneira estratégica e consciente para o futuro das empresas.

Outro desdobramento natural de minha experiência estratégica em tecnologia é minha atuação em estruturas de *ventures*. Minha associação ao BrAngels é uma expressão desse movimento, assim como as consultorias pontuais em projetos estratégicos. No entanto, faço questão de manter uma abordagem equilibrada, respeitando meus limites, as regras de *compliance* e, principalmente, meu "*flywheel* da vida", sem nunca trocar a vida pessoal e familiar pela profissional.

Sou um grande entusiasta da colaboração. Acredito no poder das parcerias e na construção de pontes para novas alianças e conexões estratégicas. Sempre busco me cercar de pessoas que são melhores do que eu em suas áreas, pois sei que juntos podemos ampliar nossa potência e multiplicar o impacto. Para mim, a forma como conquistamos algo importa tanto quanto o resultado final. Quero olhar para trás e me orgulhar não apenas das vitórias, mas da maneira como as alcancei: com ética, propósito e respeito. E é assim que acredito que seguirei conquistando novos espaços e desenvolvendo as pessoas ao meu redor.

Portanto, há muito por vir. Continuo com uma mente empreendedora (ou intraempreendedora), pronta para me adaptar às mudanças e para preparar um futuro em que negócios e tecnologia criem impactos reais e positivos. Estou ansioso por mais uma travessia.

A vida me ensinou que o mundo pode mudar de tamanho várias vezes, e cada mudança traz uma nova oportunidade de crescimento. Estou pronto para vê-lo mudar outra vez.

Da experiência à incerteza: explorando o amanhã

Nestas últimas páginas, compartilhei reflexões sobre minha trajetória profissional, meus aprendizados-chave sobre autodesenvolvimento, a importância de nutrir relacionamentos profissionais e o equilíbrio entre curto e longo prazo. Também reconheci mais uma vez que os resultados são sempre coletivos – e, claro, aproveitei para agradecer novamente à minha família, porque algumas coisas merecem ser repetidas. Agora, entramos em um novo território, onde as certezas diminuem e as possibilidades se expandem.

O último capítulo nos leva a um espaço mais incerto, onde o futuro da IA envolve um grau de abstração muito maior. Essa foi uma das partes que mais exigiu pesquisa e leitura, embora eu tenha plena consciência de que nenhuma análise será capaz de absorver e sintetizar todas as inovações associadas ao tema. A tecnologia está mais imersa na sociedade do que nunca, impactando setores de maneiras cada vez mais imprevisíveis. Para alguns dos itens elencados, já há sinais fortes de sua presença, mas que ainda carecem de conexão com o cenário atual.

Por isso, ao contrário do tom mais prescritivo e prático dos capítulos anteriores, essas notas finais representam minha **genuína busca por conectar o futuro com o presente**, trazendo reflexões sobre o que pode estar por vir. ■

“A vida me ensinou que o mundo pode mudar de tamanho várias vezes, e cada mudança traz uma nova oportunidade de crescimento. Estou pronto para vê-lo mudar outra vez.”

CAPÍTULO 13

NOTAS FINAIS SOBRE O FUTURO

Se há uma constante no mundo da tecnologia, é a mudança. Ao longo deste livro, percorremos a jornada da transformação digital e da inteligência artificial sob diferentes prismas: desde os desafios culturais e estruturais até as estratégias para maximizar impacto e gerar valor real. Discutimos modelos de governança, adoção de IA, definição de portfólios de iniciativas e métricas de sucesso.

Agora é hora de olhar para frente. Se a transformação digital nos ensinou algo, foi que as previsões tecnológicas são notoriamente falhas. Tentamos antecipar o futuro com base nas tendências atuais, mas a inovação acontece em ciclos de ruptura e adaptação, tornando o cenário sempre fluido. A IA generativa, por exemplo, era um conceito restrito a laboratórios de pesquisa há poucos anos e, subitamente, se tornou o epicentro de um novo paradigma empresarial.

Este capítulo não busca definir certezas, mas explorar **as grandes questões da tecnologia e dos negócios nos próximos anos**. A partir da IA generativa, quais são os próximos riscos e incertezas? O que realmente aprendemos até aqui sobre transformação digital e IA? Quais novas ondas tecnológicas impactarão os modelos de negócio? Como empresas e líderes devem se adaptar a novas formas de trabalho? Como a regulação e a ética moldarão o uso da IA? E, acima de tudo, como nos preparar para um futuro que, por definição, é imprevisível?

Nos próximos tópicos, navegaremos por essas questões, equilibrando análise pragmática com a reflexão estratégica necessária para que líderes de tecnologia e negócios se posicionem da melhor forma possível diante do desconhecido. Afinal, se há algo que aprendemos nesta jornada, é que **preparação e adaptação são os verdadeiros diferenciais competitivos no mundo digital.**

Entre riscos e incertezas: navegando no futuro da inteligência artificial

Bruno Machado
Ricardo Cançado

***

Nota do autor: Ao longo deste livro, procurei trazer reflexões, estratégias e direcionamentos sobre como a inteligência artificial e a transformação digital estão remodelando o mundo dos negócios e da sociedade. No entanto, como qualquer tecnologia emergente, a IA (e, em especial, a IA generativa) carrega consigo não apenas oportunidades, mas também riscos e incertezas. Para ampliar essa discussão e trazer uma perspectiva ainda mais rica, convidei o Ricardo Cançado, economista, sócio da Ânima Educação e profundo conhecedor do setor educacional, para coescrever este capítulo comigo. Trabalhamos juntos por muitos anos, e ele se tornou um mentor para mim, alguém cuja visão estratégica e capacidade de articular cenários complexos sempre me inspiraram. Além disso, tenho um enorme carinho pelo Ricardo, que sempre me apoiou e desafiou a pensar além do óbvio. Ao longo da minha vida, sempre enfatizei que minha melhor versão acontece em parceria com pessoas que admiro, e essa colaboração é mais uma prova disso. Se conectar o futuro é o objetivo, então nada mais coerente do que fazer isso a muitas mãos.

***

É importante diferenciar risco e incerteza. O risco pode ser calculado, modelado e, em muitos casos, mitigado. Empresas criam estratégias para minimizar riscos operacionais, regulatórios e tecnológicos, garantindo uma implementação segura e eficiente. A incerteza, por outro lado, é aquilo que não podemos prever ou controlar. Ela representa o desconhecido, os desdobramentos que sequer imaginamos hoje e que podem transformar radicalmente a forma como interagimos com a IA no futuro.

A IA generativa possui um pouco de ambos. Sabemos que há riscos regulatórios, éticos e de viés algorítmico, e estamos aprendendo a mitigá-los. Mas há incertezas profundas sobre seu impacto a longo prazo no trabalho, na economia e na sociedade. O que significa viver em um mundo onde máquinas não apenas automatizam tarefas, mas também criam, decidem e interagem de maneira quase humana?

Como tecnólogo e economista, trazemos neste capítulo nossas perspectivas complementares sobre esse dilema. De um lado, a visão de um profissional que acompanha de perto as evoluções da IA e da transformação digital; de outro, um olhar econômico e estratégico sobre como risco e incerteza influenciam decisões empresariais e políticas públicas.

Se há uma certeza, é que este capítulo não será definitivo. Algumas das previsões feitas aqui podem se concretizar, outras podem se provar ingênuas ou imprecisas. Esse é o custo – e a beleza – de viver em um momento de transformação acelerada. O futuro não está escrito, e nossa melhor aposta é nos mantermos em constante processo de aprendizado, **desaprendendo** verdades absolutas, **reaprendendo** com novas perspectivas e nos abrindo para aquilo que ainda não conhecemos.

Convidamos você, leitor, a manter o espírito crítico e questionador. Que este capítulo sirva não como um ponto final, mas como um convite à reflexão contínua sobre o papel da IA e da tecnologia em nossas vidas e em nosso trabalho.

O futuro da transformação digital e IA: o que aprendemos até aqui

A transformação digital deixou de ser um diferencial competitivo e se tornou um requisito básico para a sobrevivência organizacional. No entanto, o aprendizado mais importante dos últimos anos é que essa transformação não se trata apenas de adotar novas tecnologias ou digitalizar processos. **Trata-se de sustentar vantagens competitivas ao longo do tempo**, como bem define o conceito de transformação digital utilizado no livro *Rewired* (LAMARRE; SMAJE; ZEMMEL, 2023). Empresas que enxergaram a digitalização como um projeto isolado ou com prazo definido falharam em capturar valor duradouro. Em contrapartida, aquelas que compreenderam que a transformação digital é um processo contínuo, ancorado em inovação e reinvenção de modelos de negócios, se posicionaram de forma mais resiliente no mercado.

A chegada da IA generativa amplificou esse contexto e acelerou mudanças que já estavam em curso, desafiando os modelos de negócios estabelecidos. Mas mesmo as empresas que hoje lideram essa revolução sabem que nenhuma vantagem é eterna. A história da tecnologia já mostrou que ciclos de inovação são imprevisíveis, e aqueles que dominam um mercado em um momento podem perder relevância no seguinte. Um exemplo recente vem da própria Nvidia, que se tornou a empresa mais valiosa do mundo impulsionada pela demanda por *chips* gráficos (GPUs) para treinar modelos de IA. No entanto, a busca por modelos mais eficientes em termos computacionais pode reduzir drasticamente essa dependência, minando a posição da Nvidia e transferindo valor para novas empresas que surgirem com soluções alternativas.

1. Transformação digital como estratégia de sustentação

O que aprendemos até aqui é que a transformação digital bem-sucedida não é aquela que apenas implementa tecnologia, mas aquela que expande e sustenta modelos de negócios. O caso do iFood é um exemplo emblemático disso. Líder em *delivery* no Brasil, a empresa poderia simplesmente otimizar suas operações logísticas e digitais, mas escolheu um caminho mais ambicioso: **expandir seu modelo de negócios para o setor financeiro com o iFood Pago**. Inspirado no Mercado Pago, do Mercado Livre, o iFood começou oferecendo soluções financeiras para restaurantes e entregadores e, com isso, criou um ecossistema financeiro próprio. Hoje, essa frente representa 15% da receita total da empresa (R$ 10 bilhões) e pode se tornar responsável por mais da metade do faturamento nos próximos cinco anos. A capacidade de oferecer crédito com menor risco, com base no acesso exclusivo aos dados dos parceiros, é um diferencial competitivo difícil de replicar. Se bem-sucedida, essa estratégia poderá fazer do iFood Pago um negócio até maior que o próprio iFood.

2. Nem mesmo as empresas digitais estão imunes

A maior lição da transformação digital e da IA até aqui é que **nenhuma empresa está segura**. Nem mesmo as gigantes digitais que dominaram suas respectivas indústrias na última década podem se acomodar. A ascensão meteórica de novos modelos de negócios e tecnologias pode deslocar empresas dominantes em questão de poucos anos. Um exemplo claro disso é o impacto que a IA generativa está tendo em diversas cadeias de valor, redesenhando setores inteiros. *Startups* de IA já ameaçam grandes empresas de software tradicional, e o próprio Google precisou reagir rapidamente para evitar que a busca tradicional perdesse relevância com a ascensão dos *chatbots* baseados em LLMs (*Large Language Models*).

Assim, o futuro da transformação digital e da IA não será sobre quem adotou a tecnologia primeiro, mas sobre **quem conseguirá sustentar sua vantagem competitiva em ciclos contínuos de inovação**. Os próximos anos trarão desafios ainda mais complexos, que exigirão das empresas agilidade na adoção de novas tecnologias e capacidade de expandir constantemente seus modelos de negócios para capturar valor onde ele ainda não foi totalmente explorado.

As próximas ondas tecnológicas e seus impactos nos modelos de negócio

> "As invenções são sobretudo resultado de um trabalho teimoso."
> — Alberto Santos-Dumont, inventor e pioneiro da aviação.

Se a última década foi marcada pela transformação digital como um fenômeno inevitável, os próximos anos nos desafiarão a compreender e antecipar como novas ondas tecnológicas remodelarão mercados inteiros. Assim como Santos-Dumont persistiu em sua visão e desafiou os limites da aviação, a inovação tecnológica de hoje não surge apenas de grandes saltos isolados, mas da convergência de descobertas e da aplicação obstinada de novas ideias. O professor Scott Galloway (2025), em suas reflexões sobre tendências emergentes, destaca que muitas das inovações mais disruptivas não vêm apenas da tecnologia em si, mas da sua interseção com novos modelos de negócio, mudanças no comportamento do consumidor e deslocamentos econômicos globais.

Além disso, é fundamental reconhecer que nem sempre as próximas ondas tecnológicas são completamente inéditas. Muitas vezes, elas surgem da combinação de avanços anteriores que, agora, encontram na IA generativa um catalisador para escalar e transformar setores inteiros. Tecnologias como *blockchain*, computação quântica, realidade imersiva e automação industrial, que já estavam em desenvolvimento há anos, ganham nova relevância quando potencializadas por IA avançada, abrindo espaço para aplicações que antes eram limitadas por restrições técnicas, econômicas ou regulatórias.

Tal como Santos-Dumont não inventou o conceito de voo, mas soube integrá-lo a novas aplicações práticas, os líderes de hoje precisam não apenas enxergar as tecnologias emergentes, mas trabalhar incansavelmente para conectá-las a novas oportunidades. A seguir, exploramos algumas dessas tendências, que devem redefinir as cadeias de valor, a dinâmica da competição e as oportunidades para empresas e líderes nos próximos anos.

1. OpenVidia e o tecno-oligopólio: a disputa global pelo poder na IA

O avanço da IA generativa consolidou um duopólio formado pela Nvidia e a OpenAI, que se tornaram os principais protagonistas e geradores de valor nesse novo ciclo tecnológico. A Nvidia domina o fornecimento de GPUs especializadas, essenciais para o treinamento de modelos de IA em larga escala, enquanto a OpenAI, com o ChatGPT e seus modelos avançados, lidera a adoção de IA generativa em diversas aplicações. Esse domínio conjunto, apelidado por Scott Galloway (2025) de "OpenVidia", sustenta o desenvolvimento de inteligência artificial e cria um ecossistema altamente dependente dessas duas empresas.

Entretanto, novos entrantes começam a desafiar essa hegemonia, buscando fragmentar o mercado e criar alternativas mais descentralizadas. Modelos abertos, como os da Mistral e da Meta, estão ganhando força. Além disso, novos LLMs chineses apareceram como potenciais ameaças ao duopólio OpenVidia, incluindo:

- **DeepSeek**, que aposta em uma arquitetura otimizada para eficiência e menor custo computacional;
- **Qwen**, desenvolvido pela Alibaba Cloud, que já se destaca em aplicações empresariais na China;
- **Doubao**, da ByteDance, que pode alavancar a base de usuários do TikTok para popularizar sua tecnologia;
- **Hunyuan**, da Tencent, que busca fortalecer seu ecossistema de IA em serviços financeiros, *games* e redes sociais.

Além da ascensão chinesa, **Elon Musk entrou na disputa com sua *startup* xAI**, que lançou o **Grok-3**, um modelo de IA integrado à plataforma X (antigo Twitter). O Grok-3 se posiciona como um concorrente direto do ChatGPT e explora uma abordagem mais aberta e menos restritiva em termos de moderação de conteúdo.

Musk, considerado um visionário da tecnologia desde a publicação de sua biografia por Ashlee Vance em 2015, viu sua influência atingir novos patamares nos últimos anos. Se naquela época seus projetos eram ambiciosos, mas ainda focados em desafios "mundanos", como Tesla, Hyperloop e a promessa da SpaceX, agora suas iniciativas adquiriram uma magnitude ainda maior. Conforme detalhado na biografia mais recente escrita por Walter Isaacson (2023), a partir de 2023 Musk consolidou um ecossistema de inovação que inclui as ***gigafactories***, **Starlink**, **Starship**, **Cybertruck**, **Optimus (seu projeto de robôs humanoides)**, **Robotáxis** e a **Neuralink**, sua aposta em interfaces cérebro-máquina.

Além de sua atuação como empresário, Musk também ampliou sua influência no setor público. No segundo mandato do presidente Donald Trump, Musk passou a integrar, por um período, o **Departamento de Eficiência Governamental (DOGE)**, o que lhe garantiu acesso privilegiado a informações estratégicas do governo dos EUA. Esse movimento gerou reações imediatas entre seus concorrentes, que passaram a buscar aproximação com Washington, não por alinhamento político, mas por lógica concorrencial. A presença de líderes como **Mark Zuckerberg (Meta), Jeff Bezos (Amazon) e Sam Altman (OpenAI)** na posse de Trump simbolizou essa nova dinâmica, onde as grandes empresas de tecnologia disputam mercado e poder político.

Essas relações cada vez mais estreitas entre governo e tecnologia levantam preocupações sobre um possível **"tecnoautoritarismo"**, onde a influência das *big techs* na comunicação global e na formulação de políticas públicas ultrapassa limites anteriormente vistos. Caso esse cenário se consolide, o duopólio OpenVidia poderá ser expandido para um **oligopólio de empresas altamente influentes**.

Paralelamente, governos também se movimentam para reduzir sua dependência do duopólio OpenVidia e fortalecer suas próprias capacidades em IA. A União Europeia anunciou o **InvestAI**, um programa de **200 bilhões**

de euros destinado a fomentar infraestrutura e pesquisa em inteligência artificial, promovendo alternativas às *big techs* americanas e chinesas.

Nos Estados Unidos, como mencionado previamente no livro, o governo lançou a iniciativa **StarGate**, um programa de **500 bilhões de dólares** voltado para manter a liderança americana na corrida da inteligência artificial e afastar o risco de que empresas chinesas assumam a dianteira nesse setor estratégico. O objetivo central é fortalecer a infraestrutura tecnológica do país e garantir que os Estados Unidos permaneçam na vanguarda do desenvolvimento da IA.

Embora o programa não tenha como foco direto interferir no duopólio OpenVidia, a OpenAI pode ser uma das grandes beneficiadas, uma vez que seu CEO, **Sam Altman**, esteve presente no lançamento da iniciativa. Isso indica um alinhamento estratégico entre a OpenAI e os esforços do governo americano para ampliar a capacidade computacional e fomentar inovações que consolidem o domínio tecnológico dos EUA.

Além das movimentações governamentais, as *big techs* americanas também estão bem posicionadas para desafiar o duopólio OpenVidia. Empresas como **Oracle, Google, Meta, AWS e Microsoft** são, ao mesmo tempo, parceiras estratégicas da Nvidia e da OpenAI e potenciais ameaças a esse domínio. Elas investem pesadamente no desenvolvimento de *chips* alternativos aos GPUs da Nvidia, além de explorar novas arquiteturas de software que possam reduzir a dependência do **CUDA** e **NVLink**, tecnologias proprietárias da Nvidia que hoje dominam o mercado de processamento para IA. No campo dos modelos de IA, essas gigantes também continuam expandindo suas próprias iniciativas, como o **Gemini (Google DeepMind)** e o **Llama (Meta)**, consolidando-se como fortes concorrentes da OpenAI.

Outro nome de peso nesse cenário é a **Anthropic**, criadora do modelo **Claude**, que vem se destacando como uma das alternativas mais sofisticadas à OpenAI. Com investimentos significativos de **Amazon, Google e Salesforce**, a Anthropic já se tornou uma das *startups* mais promissoras do setor e é uma forte candidata a ser adquirida por uma das grandes empresas de tecnologia. Seu posicionamento estratégico pode tanto fortalecer uma *big tech* quanto remodelar o equilíbrio de forças na corrida pela supremacia da inteligência artificial.

Além das iniciativas de big techs e governos, o cenário também está sendo influenciado por uma nova geração de aplicativos especializados, que antecipam a lógica dos agentes de IA e aceleram a transformação digital no nível do usuário final. Soluções como o Manus, que permite automatizar fluxos de trabalho com linguagem natural, o Lovable, focado na criação assistida de produtos digitais com experiências centradas no usuário, e o Cursor, que combina desenvolvimento colaborativo com capacidades de IA para programação, vêm ganhando espaço nas equipes de inovação e produto. Esses aplicativos reduzem a complexidade técnica e tornam mais acessível a criação de soluções digitais, promovendo uma nova onda de empowerment para desenvolvedores, designers e analistas de negócio.

Esse cenário dinâmico indica que, embora **OpenVidia** tenha sido até agora a grande força motriz da IA generativa, o mercado está se fragmentando. Empresas que hoje são dependentes desse duopólio precisarão considerar estratégias que diversifiquem sua exposição a fornecedores.

2. De SaaS para *Service-as-a-Software*

A era do *Software as a Service* (SaaS) revolucionou o acesso à tecnologia, permitindo que empresas contratassem soluções sob demanda, com cobrança baseada no número de usuários ou licenças. Porém, estamos assistindo ao surgimento de um novo paradigma ainda mais transformador: o ***Service-as-a-Software***, termo popularizado por Scott Galloway como uma evolução radical do SaaS.

Diferentemente do SaaS tradicional, que fornece ferramentas para que o cliente execute suas próprias operações, o *Service-as-a-Software* inverte essa lógica: o valor entregue deixa de ser o software em si, e passa a ser o **serviço já executado** – sem que o cliente precise se preocupar com interfaces, licenças ou interações operacionais. O protagonista agora é o resultado de negócio, entregue por soluções automatizadas, compostas por múltiplos agentes de inteligência artificial, cada um especializado em uma parte do processo.

Em vez de contratar licenças, contrata-se **trabalho executado**. Não interessa mais quantos usuários acessam um sistema ou quantas horas foram logadas: importa se a tarefa foi realizada com sucesso. A unidade de valor deixa de ser técnica e passa a ser comercial: quantos atendimentos foram concluídos? Quantos leads foram nutridos? Quantas faturas foram conciliadas automaticamente? A tecnologia deixa de ser o centro da conversa – o negócio assume o protagonismo.

Essa mudança desloca o foco da TI para as áreas de negócio. O CIO deixa de vender "sistemas" para o CFO ou COO e passa a orquestrar ecossistemas de agentes digitais que executam tarefas, entregam KPIs e otimizam processos de forma autônoma. É o abandono definitivo do paradigma do "software como ferramenta" para a adoção do "software como executor de serviço".

É importante notar que a forma de cobrança baseada no "serviço executado" ainda é **emergente** e está em processo de amadurecimento para se tornar uma tendência consolidada. Muitos modelos de negócio que se aproximam do *Service-as-a-Software* ainda não são "puros" e combinam essa nova lógica com elementos do modelo SaaS tradicional, como a cobrança por assinatura ou por uso de funcionalidades.

Exemplos representativos dessa lógica:

- **Manus:** plataforma baseada em IA que automatiza tarefas complexas com linguagem natural. Seu modelo de negócios é orientado por **créditos de execução**, ou seja, o cliente paga pelo número de tarefas executadas, e não por usuários ou módulos contratados. Embora se aproxime do conceito de "trabalho executado", pode haver uma base de assinatura ou outras formas de cobrança que remontam ao SaaS tradicional.
- **Lovable:** solução de desenvolvimento de produtos digitais com IA que atua como um "*product manager* digital". O cliente interage com uma IA que **executa diretamente as etapas do processo de ideação e validação**, sem necessidade de múltiplas ferramentas ou equipes intermediárias. Similar ao Manus, pode ter uma combinação de modelos de precificação.
- **iFood Pago:** vai além da intermediação de pedidos para restaurantes. Automatiza a **gestão financeira do estabelecimento**, entregando crédito, conciliação, pagamentos e até benefícios corporativos de forma integrada – o foco está nos resultados financeiros, não no uso de um "software de finanças".

- Contabilizei: embora utilize software, seu principal valor reside na **entrega do serviço de contabilidade já executado e simplificado**. O cliente não precisa ser um expert em contabilidade ou manusear um software complexo; a plataforma e seus processos automatizados (combinados com a equipe contábil) cuidam de emissão de notas, cálculo de impostos e entrega de declarações, com o foco em garantir a conformidade e a saúde financeira do negócio, sem que o cliente precise "operar" a contabilidade.
- Grana Capital: este aplicativo automatiza boa parte do **serviço de elaboração da declaração de imposto de renda** para pessoas físicas, especialmente aquelas com investimentos. Em vez de o usuário precisar entender e preencher formulários complexos, o aplicativo coleta os dados e gera a declaração, cobrando pelo serviço de simplificação e automação da entrega final.

Essa nova lógica exige que fornecedores de tecnologia redesenhem seus modelos de precificação e entregas. Soluções orientadas a agentes autônomos, como as baseadas em IA generativa, já adotam modelos híbridos que mesclam assinatura com créditos de execução, como forma de equilibrar previsibilidade financeira e entrega de valor real. Isso promove o uso consciente e estratégico da tecnologia, e evita desperdício de recursos computacionais caros e subutilizados.

Mais do que uma evolução tecnológica, estamos diante de uma reinvenção completa do modelo de negócios em tecnologia. A era das licenças está chegando ao fim. E, com ela, a necessidade de discutir tecnologia por si só também desaparece. O que importa agora é: qual trabalho foi feito? Qual valor foi entregue?

Esse novo paradigma também está influenciando o modelo de negócios das próprias soluções baseadas em inteligência artificial. Diante dos custos elevados de processamento, especialmente em tarefas que exigem grandes volumes computacionais, muitas dessas plataformas têm adotado um modelo híbrido de *subscription* limitado por créditos. Nesse formato, o usuário paga uma assinatura mensal que dá acesso a uma quantidade determinada de tarefas ou execuções, tornando os custos mais previsíveis e viabilizando o uso gradual da tecnologia. É o caso do Manus, que oferece planos baseados em créditos para automação de fluxos complexos com linguagem natural, e do Lovable, que adota uma estrutura semelhante para construção de produtos digitais assistida por IA.

Essa abordagem revela um amadurecimento do conceito de SaaS, que agora se adapta para acomodar os desafios da era da IA. Mesmo na vanguarda da inovação, empresas estão redesenhando seus modelos de monetização para equilibrar acessibilidade, escalabilidade e sustentabilidade financeira. O *Software as a Service*, portanto, evolui para um formato mais sofisticado, sensível à performance e ao consumo de recursos, consolidando-se como um componente central na estratégia digital de negócios orientados por inteligência artificial.

3. Mercados emergentes e o crescimento digital

Na América Latina, por exemplo, empresas como **Nubank** e **Mercado Livre** já demonstraram como modelos digitais podem desafiar gigantes tradicionais aproveitando tecnologia de ponta para oferecer melhores experiências aos clientes. Além disso, **novos *players* chineses, como Shein e Temu, estão redefinindo o varejo global** e utilizando IA e personalização extrema para escalar rapidamente e conquistar mercados com produtos acessíveis e entregas cada vez mais ágeis.

No entanto, o avanço desses novos concorrentes não acontece sem desafios. **As recentes disputas comerciais e questões tarifárias vêm influenciando o cenário global de competição digital**, especialmente desde as primeiras medidas protecionistas adotadas pelo presidente dos EUA, **Donald Trump**, que, tanto em seu mandato anterior quanto no atual, tem imposto tarifas sobre produtos chineses e de outros países estratégicos. Essa dinâmica geopolítica e comercial tem desdobramentos significativos para empresas de tecnologia e varejo, afetando desde a estrutura das cadeias de suprimentos até estratégias de precificação e distribuição.

Esse tipo de tensão internacional levanta questionamentos sobre como os mercados emergentes poderão sustentar seu crescimento digital diante de um ambiente regulatório e comercial em constante mudança. Esse tema será explorado mais adiante no livro, em um tópico dedicado aos impactos da **geopolítica na transformação digital e na IA**.

Empresas que ignorarem esse movimento podem se tornar obsoletas diante de **novos concorrentes que oferecem preços mais baixos e uma experiência digital mais fluida e integrada**.

4. Computação híbrida e sustentável

A demanda por infraestrutura computacional para rodar IA generativa e outras tecnologias avançadas está crescendo exponencialmente. No entanto, essa explosão levanta um grande desafio: o alto consumo energético e a pegada de carbono da computação em nuvem.

Empresas líderes já começaram a investir em estratégias híbridas e sustentáveis, combinando *data centers* tradicionais com computação de borda e soluções descentralizadas. Essa abordagem melhora a eficiência energética e permite que empresas escalem suas operações sem sobrecarregar redes centralizadas.

Entretanto, essa tendência pode ser atenuada pela evolução dos modelos de IA. O avanço de novas arquiteturas mais eficientes, como as propostas pela DeepSeek, Qwen (Alibaba Cloud), Doubao (ByteDance) e Hunyuan (Tencent), sugere que estamos entrando em uma nova fase na qual a busca por eficiência computacional se torna uma prioridade. O chamado "momento DeepSeek", que trouxe um modelo de IA significativamente mais eficiente em consumo de processamento, reforça a ideia de que o futuro da computação não será apenas sobre mais capacidade, mas sobre fazer mais com menos. No entanto, ainda não foram apresentados e validados de forma independente os dados que comprovem a real eficiência desses modelos chineses. Assim, há um grau de incerteza sobre se, de fato, estamos diante de uma nova abordagem energética nos LLMs ou se esses avanços são incrementais.

Se essa tendência se consolidar, a preocupação com a sustentabilidade da computação em nuvem poderá ser mitigada por modelos de IA que consomem menos energia sem comprometer a performance.

A crescente demanda energética impulsionada pelos avanços em IA está fazendo as *big techs* buscarem soluções energéticas sustentáveis e eficientes. Nesse contexto, a energia nuclear ressurge como uma alternativa viável para atender às necessidades dessas gigantes tecnológicas.

Empresas como Microsoft, Amazon e Google têm firmado acordos para garantir um fornecimento estável e limpo de energia nuclear. A Microsoft, por exemplo, assinou um contrato de vinte anos para adquirir energia livre de carbono da reativada usina de Three Mile Island, na Pensilvânia, com previsão de retomada das operações até 2028, reforçando seu compromisso de se tornar "carbon negative" até 2030 (JEANS, 2024).

Paralelamente, o Google estabeleceu uma parceria com a Kairos Power para utilizar energia proveniente de pequenos reatores nucleares modulares (SMRs). O primeiro reator está previsto para entrar em operação até 2030, com capacidade de gerar 500 megawatts até 2035 (ROLFINI, 2024). Essas iniciativas demonstram que a busca por energia limpa e confiável é um fator estratégico para que a revolução da IA não comprometa o meio ambiente.

A adoção de IA generativa não está restrita às *big techs*. Plataformas como o **Hugging Face** vêm democratizando o acesso a modelos de IA. *Startups*, pesquisadores e empresas agora podem desenvolver suas próprias soluções sem a necessidade de infraestrutura proprietária. Seu repositório de modelos abertos se tornou um dos principais centros de colaboração da comunidade de IA, oferecendo alternativas acessíveis para quem deseja experimentar, ajustar e personalizar modelos sem depender de grandes provedores. Esse movimento descentralizador desafia a hegemonia das grandes corporações e promove uma inovação mais distribuída e acessível.

Outro movimento relevante no setor inclui a crescente busca das grandes empresas por alternativas aos *chips* da Nvidia, que dominam o mercado de IA. A Meta, por exemplo, está em negociações para adquirir a *startup* sul-coreana FuriosaAI, que desenvolve aceleradores para *data centers* voltados para IA. A *startup* recentemente apresentou um *chip* projetado para reduzir custos e aumentar a eficiência, sendo vendido por cerca de um quarto do valor dos *chips* mais avançados da Nvidia. Esse tipo de iniciativa reforça a tendência de diversificação no fornecimento de hardware e mostra a busca por soluções mais acessíveis e sustentáveis para o avanço da inteligência artificial.

5. Computação espacial e realidades imersivas

A Apple e outras gigantes da tecnologia vêm investindo fortemente em computação espacial, realidade aumentada e experiências imersivas. O lançamento do **Apple Vision Pro** demonstra um novo caminho para interações digitais que vão além das telas tradicionais e traz a promessa de uma interface mais intuitiva e natural para consumo de conteúdo, trabalho e entretenimento. No entanto, a Apple não está sozinha nessa corrida.

A **Meta** já lançou produtos como o **Meta Quest**, um dos *headsets* de realidade virtual mais populares do mercado, e os **Meta Glasses**, desenvolvidos em parceria com a **Ray-Ban**, que integram inteligência artificial para interações em tempo real.

No Brasil, a inovação nesse setor também avança. A **VR Glass**, *startup* fomentada pelo **Ânima Ventures**, oferece uma plataforma imersiva voltada para treinamentos, marketing e eventos, com o objetivo de criar experiências personalizadas para diferentes públicos. Outra solução que vem ganhando corpo é o **Gather Town**, uma plataforma de escritórios virtuais que combina elementos de jogos retrô com colaboração remota e cria ambientes digitais mais interativos para reuniões e *networking*.

Além das abordagens baseadas em hardware, há um grande movimento de realidade aumentada utilizando dispositivos móveis, ampliando o alcance da tecnologia sem a necessidade de equipamentos dedicados. O **Google Lens**, por exemplo, transforma qualquer *smartphone* em uma ferramenta de reconhecimento visual avançada, permitindo aplicações no **varejo**, como **gôndolas inteligentes, execução de *trade marketing* no ponto de venda e provadores virtuais**, onde os clientes podem visualizar produtos aplicados a diferentes contextos antes da compra.

Na **educação médica**, os simuladores virtuais vêm sendo utilizados há anos para aprimorar o treinamento de profissionais de saúde. A **Medroom**, que também recebe investimentos da **Ânima Ventures**, é um exemplo de como a realidade virtual pode revolucionar o ensino na área da saúde ao proporcionar simulações imersivas para o aprendizado de procedimentos médicos e o aprimoramento da formação de estudantes e residentes.

Ricardo Justus, professor da **Singularity Brazil** e CEO da Árvore Experiências Imersivas, também vem explorando o potencial da realidade virtual, combinando *storytelling* e tecnologia para criar novas formas de engajamento. A Árvore tem sido reconhecida por seu trabalho em experiências imersivas, incluindo projetos premiados que ampliam as possibilidades do entretenimento digital.

A computação espacial e as realidades imersivas não são apenas sobre hardware mais avançado, mas sobre a convergência entre **IA generativa,**

interações naturais e interfaces que ampliam a presença digital no mundo físico. A criação de experiências mais adaptáveis, personalizadas e interativas será um dos fatores críticos para a adoção em larga escala dessas tecnologias, transformando setores como **educação, varejo, saúde e entretenimento** nos próximos anos.

6. Da IA generativa à AGI: o futuro da IA avançada

A inteligência artificial (IA) tem evoluído rapidamente, ampliando suas capacidades e aplicações em diversos setores. O grande marco recente dessa evolução foi a ascensão dos modelos de **IA generativa**, impulsionados por ***Large Language Models* (LLMs)** como GPT, Claude, Gemini e Mistral, que revolucionaram a forma como máquinas processam e geram texto, código, imagens e outros conteúdos. No entanto, apesar dos avanços expressivos, esses modelos ainda operam dentro de limites bem definidos, sem compreensão real ou capacidade de raciocínio generalista.

O próximo grande salto esperado é a **Inteligência Artificial Geral (AGI)**, que terá capacidade de aprendizado, adaptação e raciocínio comparáveis aos humanos, sendo capaz de realizar tarefas diversas sem necessidade de reprogramação específica. Embora a AGI ainda seja um objetivo distante, os avanços contínuos nos LLMs e nas arquiteturas de IA generativa indicam que estamos caminhando para modelos cada vez mais autônomos, flexíveis e eficientes, capazes de atuar como copilotos inteligentes para tarefas mais complexas e contextuais.

O conceito de AGI representa um salto qualitativo em relação à IA Generativa atual. Enquanto os LLMs são projetados para tarefas específicas, a AGI teria a capacidade de aprender e executar qualquer tarefa cognitiva que um ser humano possa realizar. Isso inclui habilidades como raciocínio geral, resolução de problemas complexos e compreensão contextual profunda. Embora ainda seja uma construção teórica, a AGI promete revolucionar setores como saúde, pesquisa científica, automação industrial e segurança cibernética.

O desenvolvimento de uma AGI funcional enfrenta desafios computacionais substanciais. A criação de sistemas com capacidades cognitivas humanas requer, além de algoritmos avançados, **infraestrutura computacional massiva** para processar e armazenar dados em escalas sem precedentes. Além disso, **a eficiência energética e a escalabilidade dos sistemas são preocupações**, dado o consumo exponencial de recursos para treinar modelos de IA cada vez mais avançados.

Empresas e centros de pesquisa trabalham para superar essas barreiras com arquiteturas otimizadas e novas abordagens de hardware, incluindo *chips* especializados em IA e **redes neurais inspiradas no funcionamento do cérebro humano**.

A progressão rumo à AGI levanta considerações éticas e geopolíticas significativas:

- **Autonomia e controle:** delegar decisões críticas a sistemas de AGI exige garantias de que esses sistemas agirão de acordo com valores humanos e sob supervisão adequada. A questão de quem detém o controle sobre uma AGI e como assegurar que suas ações estejam alinhadas com os interesses humanos é central no debate ético.
- **Privacidade e segurança:** modelos avançados de IA, especialmente os personalizados, precisam acessar dados sensíveis, o que pode comprometer a privacidade se não forem implementadas fortes salvaguardas. A proteção contra vazamentos de dados e usos maliciosos é essencial para manter a confiança dos usuários.
- **Desigualdade econômica:** a automação avançada pode exacerbar disparidades econômicas, substituindo empregos tradicionais e concentrando riqueza em entidades que controlam a AGI. Políticas que promovam a redistribuição equitativa dos benefícios gerados pela IA avançada devem ser desenvolvidas.
- **Soberania tecnológica:** a corrida global pelo domínio da IA e da AGI está redefinindo alianças geopolíticas e a balança de poder entre as nações. Iniciativas como **InvestAI na União Europeia** e **StarGate nos Estados Unidos** refletem a crescente preocupação dos governos em garantir que suas economias permaneçam competitivas.

Essas questões geopolíticas associadas à IA generativa e toda a sua cadeia de valor serão exploradas com maior profundidade mais adiante no livro.

A preparação para a era da **Inteligência Artificial Geral (AGI)** requer a construção de estruturas éticas, regulatórias e políticas que garantam o uso responsável dessa poderosa tecnologia. Embora a AGI ainda possa estar distante, a evolução dos modelos de IA generativa e das novas arquiteturas nos aproxima cada vez mais desse futuro, tornando fundamental que empresas, governos e sociedade participem ativamente dessa transformação.

No entanto, especialistas renomados expressam ceticismo e preocupação em relação a esse avanço. O neurocientista **Miguel Nicolelis**, em seu livro *O Verdadeiro Criador de Tudo: como o cérebro humano esculpiu o universo como nós o conhecemos* (2020), argumenta que, devido à complexidade e singularidade do cérebro humano, é improvável que máquinas digitais consigam replicar plenamente a mente humana. Ele alerta que a dependência excessiva de tecnologias digitais pode, paradoxalmente, reduzir nossa capacidade cognitiva, ao delegarmos funções mentais essenciais às máquinas.

Segundo o cientista da computação e professor **Silvio Meira**, em seu e-book *Quando Máquinas Aprendem Demais: notas sobre singularidade e superinteligência* (2025), se máquinas adquirirem meios de aprender com seus erros e aperfeiçoarem seus métodos continuamente, a velocidade de aquisição de novo conhecimento poderia superar nossa capacidade de acompanhamento. Além disso, ele observa que, embora a criatividade seja frequentemente considerada uma qualidade exclusivamente humana, algoritmos podem explorar combinações e criações além da intuição comum, especialmente em um cenário de poder computacional quase ilimitado. O termo **singularidade**, utilizado para descrever o ponto em que a inteligência artificial superaria a inteligência humana e desencadearia uma transformação irreversível na sociedade, foi popularizado por **Ray Kurzweil**, autor de diversos livros sobre o tema e fundador da **Singularity University** ao lado de **Peter Diamandis**.

O historiador **Yuval Harari**, em seu livro *Nexus* (2024), destaca os riscos existenciais associados ao desenvolvimento descontrolado da IA. Harari enfatiza que a IA possui a capacidade inédita de tomar decisões e criar ideias de forma autônoma, o que pode levar a cenários onde sistemas de IA escapem ao controle humano, potencialmente ameaçando a própria sobrevivência da humanidade.

Essas perspectivas ressaltam a necessidade de abordar cautelosamente o avanço da IA. O desenvolvimento tecnológico deve ser acompanhado por reflexões éticas profundas e regulamentações eficazes para mitigar riscos potenciais.

7. Da automação baseada em regras aos agentes de IA

A automação de processos empresariais evoluiu significativamente nos últimos anos, passando de sistemas baseados em regras fixas para soluções mais inteligentes e adaptativas. Inicialmente, a automação robótica de processos (*Robotic Process Automation* – RPA) permitiu que empresas automatizassem tarefas repetitivas e estruturadas por meio de *scripts* predefinidos. Embora eficazes, essas soluções apresentavam limitações, especialmente quando confrontadas com mudanças nos processos ou exceções não previstas, o que exigia intervenções manuais para ajustes.

Com o avanço da inteligência artificial, surge a ***Agentic AI***, uma tecnologia probabilística altamente adaptável a ambientes e eventos em constante mudança. Diferentemente dos sistemas determinísticos como o RPA, que seguem regras fixas, a *Agentic* AI se baseia em padrões e probabilidades para tomar decisões e agir, o que permite a automação de fluxos de trabalho e de processos de negócios mais complexos que antes não podiam ser automatizados por sistemas tradicionais.

Essa evolução reflete avanços significativos nas arquiteturas de IA, especialmente na construção de agentes autônomos. Os agentes de IA, diferentemente dos *chatbots* tradicionais baseados em IA generativa, operam sob arquiteturas mais sofisticadas que lhes permitem executar ações de forma independente, além de apenas responder a perguntas. Enquanto *chatbots* convencionais seguem uma abordagem predominantemente reativa, processando entradas e gerando respostas com base em padrões estatísticos de linguagem, os agentes de IA adotam paradigmas avançados de raciocínio, como **planejamento baseado em metas (*goal-directed planning*)** e **aprendizado contínuo com memória contextual**. Segundo a IBM (GUTOWSKA, 2024), esses agentes combinam diferentes estratégias de tomada de decisão, como raciocínio simbólico (baseado em regras e lógica formal) e aprendizado baseado em exemplos (*machine learning*), permitindo-lhes interpretar situações complexas e adaptar suas ações em tempo real. Além disso, podem ser arquitetados sobre modelos **reativos**, que tomam decisões com base apenas no estado atual do ambiente, ou **deliberativos**, que utilizam memória e planejamento para antecipar e otimizar resultados. Essa evolução no design dos agentes amplia significativamente sua aplicabilidade e automatiza tarefas que antes exigiam intervenção humana constante.

Empresas líderes no setor de automação estão reconhecendo essa transformação e ajustando suas ofertas para incorporar a *Agentic* AI. A **UiPath**, por exemplo, expandiu suas soluções tradicionais de RPA para incluir a *Agentic* AI. Agentes de software percebem seu ambiente, raciocinam sobre ele e executam ações de forma autônoma para alcançar objetivos específicos.

Além disso, plataformas que originalmente não atuavam diretamente com RPA estão entrando nesse novo cenário competitivo. A **ServiceNow**, conhecida por suas soluções de gerenciamento de serviços, introduziu os **AI *Agents***, projetados para interagir autonomamente com o ambiente, coletar dados, tomar decisões e executar tarefas. Esses agentes são capazes de gerenciar desde atividades simples e demoradas até processos complexos em diversos departamentos, promovendo uma transformação significativa na eficiência operacional das empresas.

Da mesma forma, a **Salesforce** lançou o **Agentforce**, uma plataforma que permite a criação e personalização de agentes de IA autônomos. Esses agentes são integrados ao ecossistema Salesforce e podem executar tarefas como responder a perguntas, realizar ações e melhorar a produtividade.

A **OpenAI** também entrou nesse mercado com o **Operator**, um agente de IA projetado para executar tarefas complexas e autônomas dentro de fluxos de trabalho empresariais. No entanto, a adoção dessa solução ainda é restrita devido ao seu alto custo de licença, que pode ultrapassar os 200 dólares por mês, o que levanta questionamentos acerca da viabilidade econômica para empresas que buscam escalar suas operações baseadas em IA.

A transição da automação baseada em regras para sistemas autônomos de IA está redefinindo o panorama da automação empresarial. Empresas que antes dependiam exclusivamente de RPA agora estão adotando a *Agentic* AI para lidar com processos mais dinâmicos e complexos. Simultaneamente, fornecedores que não estavam tradicionalmente no espaço de RPA estão desenvolvendo soluções de agentes de IA, ampliando a concorrência e oferecendo às organizações uma variedade maior de ferramentas para otimizar suas operações.

Para as organizações, essa evolução representa uma oportunidade de reavaliar e atualizar suas estratégias de automação, incorporando agentes de IA que não apenas executam tarefas, mas também aprendem e se adaptam. No entanto, para várias funções de atendimento e atividades de *backoffice*, não será necessário integrar IA generativa via agentes – ela já virá embarcada nas soluções de mercado, tornando a automação inteligente uma característica nativa dos principais sistemas corporativos.

Além dos agentes corporativos mais robustos, há um ecossistema crescente de soluções de IA mais acessíveis, práticas e voltadas para a habilitação direta de profissionais. Plataformas como Manus, Lovable, Cursor, Gamma e N8N estão transformando a forma como indivíduos desenvolvem soluções digitais e promovem suas ideias dentro das empresas e junto aos clientes. Essas ferramentas funcionam como verdadeiros agentes especializados – não apenas executando tarefas, mas também colocando o poder da IA nas mãos de mais pessoas, sem exigir habilidades avançadas em programação.

Essa nova geração de soluções reduz barreiras para a experimentação e impulsiona o protagonismo digital dos times, especialmente em contextos onde velocidade e adaptabilidade são diferenciais estratégicos. Ao integrarem capacidades de automação, geração de conteúdo e análise de dados, esses agentes se tornam aliados poderosos na construção de soluções ágeis e customizadas, expandindo significativamente o alcance da transformação digital nas organizações.

8. Tecnologias habilitadoras: *blockchain*, *web3*, 5G e computação quântica

A história da inovação é marcada por ciclos tecnológicos que se sobrepõem e se amplificam. No Tech Trend Report 2024[11], a futurista Amy Webb introduz o conceito de superciclo tecnológico, destacando que o impacto das inovações atuais não ocorre isoladamente, mas pela convergência de múltiplas tecnologias que se reforçam mutuamente. Nesse contexto, tecnologias habilitadoras como *blockchain*, *web*3, redes 5G e 6G, constelações de satélites e computação quântica aparecem como pilares para a próxima fase da transformação digital.

---

[11] <https://futuretodayinstitute.com/trends/>.

Essas tecnologias, ao expandirem a conectividade e viabilizarem novas formas de descentralização e processamento de dados, podem redefinir indústrias inteiras com modelos de negócio inéditos.

Blockchain e *web3*: arquiteturas descentralizadas e a nova economia digital

O ***blockchain***, inicialmente popularizado pelo Bitcoin, evoluiu para uma infraestrutura digital capaz de suportar uma nova economia descentralizada. Sua capacidade de registrar transações de forma transparente, segura e imutável cria um alicerce para **contratos inteligentes**, **gestão de cadeias de suprimentos** e **identidade digital soberana**.

No agronegócio, blockchain já está sendo utilizado para rastreabilidade de grãos e pecuária, garantindo transparência e eficiência nas transações, conforme ilustrado pela *startup* Agrotoken. Na logística, empresas como Maersk e IBM implementaram redes *blockchain* para otimizar processos alfandegários e garantir maior visibilidade no transporte internacional. Além disso, cadeias de suprimentos globais estão adotando *blockchain* para aprimorar a autenticidade de insumos, reduzindo fraudes e desperdícios.

O conceito de *web3*, impulsionado pelo *blockchain*, representa a evolução da internet para uma arquitetura mais descentralizada, onde *tokens* e redes distribuídas reduzem a dependência de grandes intermediários tecnológicos. Esse modelo tem potencial para transformar setores como finanças descentralizadas (DeFi), propriedade digital e governança de comunidades *on-line*.

5G, 6G e constelações de satélites: a infraestrutura da hiperconectividade

A revolução da conectividade não se limita à implementação do 5G. Já se discute a evolução para redes 6G, que prometem velocidades 100 vezes superiores ao 5G, baixa latência extrema e aplicações revolucionárias em áreas como cidades inteligentes, metaverso e telemedicina remota em tempo real.

Além das redes terrestres, as constelações de satélites vêm se consolidando como parte essencial da infraestrutura digital global. Nos últimos anos, os lançamentos de satélites cresceram mais de vinte vezes em relação à década passada. Em 2010, foram lançados apenas 122 satélites, enquanto em 2020 esse número ultrapassou 1.200. A tendência de crescimento se manteve nos anos seguintes, chegando a quase 3.000 lançamentos tanto em 2023 quanto em 2024, um recorde impulsionado pelas mega constelações de baixa órbita, segundo dados do observatório NewSpace Index[12].

A Starlink (SpaceX) lidera esse movimento, mas empresas como OneWeb e iniciativas governamentais, como o Starshield (voltado para segurança e defesa), também aumentaram sua presença na órbita terrestre. O crescimento acelerado dessas redes reflete a crescente descentralização da **infraestrutura digital**, garantindo conectividade para áreas remotas e reduzindo a dependência de redes terrestres tradicionais.

A hibridização das redes móveis está se tornando uma realidade. A parceria entre Apple, Starlink e as operadoras T-Mobile e Verizon para oferecer conectividade via satélite diretamente aos iPhones exemplifica como redes terrestres e espaciais estão convergindo. Essa integração permite que dispositivos móveis permaneçam conectados mesmo em áreas sem cobertura convencional, criando novas possibilidades para resposta a emergências, monitoramento de ativos em tempo real e conectividade global para IoT.

O avanço das constelações de satélites, aliado ao desenvolvimento das redes 5G e 6G, sinaliza que a infraestrutura digital do futuro será altamente distribuída, resiliente e onipresente. A combinação de redes ultrarrápidas, comunicação via satélite e computação em borda formará a espinha dorsal da conectividade global, suportando desde cidades inteligentes até sistemas críticos de comunicação e segurança.

Computação quântica: o novo paradigma do processamento de dados

A computação quântica promete revolucionar o poder de processamento ao resolver problemas impossíveis para os computadores convencionais. Em 2025, a Microsoft anunciou um avanço significativo com o processador Majorana 1 (NAYAK, 2025), que utiliza qubits topológicos para melhorar a estabilidade dos cálculos quânticos.

---

[12] <https://www.newspace.im/newspace>.

Setores como descoberta de medicamentos, modelagem climática e segurança cibernética serão profundamente impactados. No setor financeiro, bancos como JP Morgan Chase[13] já experimentam algoritmos quânticos para otimizar carteiras de investimento e reduzir riscos.

Apesar do imenso potencial, a computação quântica ainda enfrenta desafios relacionados à escalabilidade e à estabilidade dos qubits. No entanto, empresas como Google, IBM e Rigetti Computing avançam rapidamente na construção de processadores quânticos mais robustos, o que pode acelerar a adoção comercial dessa tecnologia nos próximos anos.

Em uma das edições do evento IBM Think, em Boston, tive a oportunidade de ver de perto a estrutura física de um computador quântico – uma combinação fascinante de física avançada, design sofisticado e engenharia de ponta. Uma das questões centrais discutidas foi a necessidade de evoluir para a chamada criptografia pós-quântica, para assegurar que os algoritmos criptográficos atuais não sejam vulneráveis à capacidade computacional dos futuros sistemas quânticos. A preocupação não é apenas teórica: trata-se de garantir desde já a resiliência dos sistemas de segurança digital frente à próxima revolução computacional.

A convergência das tecnologias habilitadoras

Nenhuma dessas tecnologias opera isoladamente. O **superciclo tecnológico**, como descrito por **Amy Webb**, se dá pela convergência dessas inovações. *Blockchain* viabiliza a **economia descentralizada** da *web3*, enquanto o 5G e as constelações de satélites criam a **infraestrutura necessária** para dispositivos inteligentes e cidades conectadas. Ao mesmo tempo, a computação quântica promete destravar novas capacidades de processamento para modelagem de IA e segurança digital.

Líderes empresariais e formuladores de políticas precisarão **navegar estrategicamente esse cenário**, garantindo que essas tecnologias sejam adotadas **de forma ética, sustentável e com impactos sociais positivos**. O futuro não será moldado por uma única tecnologia, mas pela forma como essas inovações se entrelaçam e transformam o mundo ao nosso redor.

---

13 <https://www.jpmorgan.com/technology/applied-research>.

9. IA generativa e a reconfiguração dos modelos baseados em valor na saúde

A inteligência artificial generativa está acelerando a migração de modelos de negócio tradicionais para abordagens baseadas em valor, onde o foco não é apenas entregar um produto ou serviço, mas garantir um resultado concreto para o cliente. Esse movimento está diretamente conectado à tendência de Service-as-a-Software, em que a tecnologia, impulsionada por IA, torna possível automatizar e personalizar serviços de forma escalável e orientada a resultados.

No setor de saúde, essa mudança já ocorre com a transição do modelo de pagamento por procedimento (fee-for-service) para modelos baseados em valor, como o Capitation. Nesse modelo, hospitais e clínicas passam a ser remunerados não pela quantidade de exames ou cirurgias, mas pela qualidade da atenção prestada e pela saúde do paciente ao longo do tempo. Essa lógica altera os incentivos do setor: em vez de lucrar com a doença, prestadores de serviço passam a ser recompensados por manter seus pacientes saudáveis.

A **IA generativa** tem um potencial gigantesco para impulsionar esse modelo, pois viabiliza:

- **automação de diagnósticos preventivos**, permitindo intervenções precoces e reduzindo custos hospitalares;
- **personalização do atendimento**, com assistentes capazes de adaptar recomendações médicas conforme o histórico e os hábitos do paciente;
- **melhoria na coordenação entre profissionais de saúde**, promovendo um fluxo de informações mais eficiente entre médicos, hospitais e operadoras de saúde.

Essa transformação já pode ser observada em aplicações concretas. Soluções como o Turi Saúde e Voa Health (esta última com investimento da Prosus) utilizam IA para registrar automaticamente o áudio das consultas médicas, gerando transcrições estruturadas e auxiliando na documentação clínica com alta acurácia e economia de tempo. Já o Dr.Tis, que passou por um processo de M&A com a MV, concentra-se na digitalização da medicina diagnóstica, otimizando o uso de dados clínicos para decisões mais objetivas. A plataforma Noa, parte do ecossistema da Doctoralia, atua como assistente de IA para médicos, organizando prontuários e sugerindo recomendações clínicas.

Na frente da prevenção de abusos, desperdícios e fraudes - comumente associados ao modelo *fee-for-service* - destacam-se iniciativas como a Neurotech e a Arvo, que utilizam IA para detecção avançada de padrões anômalos, auditorias automatizadas e prevenção de sinistros desnecessários, promovendo maior integridade na cadeia de saúde suplementar.

Complementando essa revolução digital, surgem também dispositivos acessíveis que expandem o monitoramento e a organização da saúde no cotidiano das pessoas. Um exemplo é a pulseira Bee, equipada com inteligência artificial e vendida por cerca de 50 dólares. Com um simples clique em seu botão, o usuário pode gravar áudios de interações e momentos relevantes do dia a dia. A IA da Bee então processa esse conteúdo, gerando resumos, insights e classificações contextuais que podem ser utilizados para gestão pessoal, consultas médicas e organização de informações críticas. Já soluções como a Binah.ai permitem análises preditivas a partir de vídeo e sinais faciais, sem a necessidade de sensores dedicados, viabilizando um novo patamar de telemonitoramento e cuidado remoto, especialmente útil em estratégias de atenção primária digital.

Todas essas inovações estão redefinindo a relação entre médicos e pacientes, tornando o atendimento mais fluido, documentado e centrado no cuidado longitudinal. Além disso, contribuem para acelerar a digitalização da saúde como um todo. Se bem estruturadas, essas iniciativas podem representar um passo decisivo rumo a modelos mais sustentáveis na cadeia da saúde privada, com menos desperdício, maior qualidade assistencial e foco genuíno na saúde do paciente.

10. *Memberships* e a transformação do setor de educação

No setor de **educação**, a IA generativa também está viabilizando uma disrupção significativa nos **modelos de receita**, impulsionando a transição para o **modelo de *membership*** - um conceito fortemente alinhado à lógica do ***Service-as-a-Software***.

Tradicionalmente, escolas e universidades baseiam seu faturamento na **cobrança de mensalidades durante o período do curso**. No entanto, novas abordagens estão surgindo, inspiradas pela ideia de **assinaturas contínuas em comunidades de aprendizado**, onde o valor não está apenas no conteúdo educacional, mas na experiência, no *networking* e no acesso a um ecossistema de crescimento profissional.

Empresas como **G4 Educação**, **Strides**[14] e Community Creators Academy (nossa própria iniciativa na Ânima para formar criadores de conteúdo) adotaram esse modelo, oferecendo benefícios como:

- **cursos sob demanda**, continuamente atualizados conforme as demandas do mercado;
- **eventos presenciais e *on-line***, que promovem interação e troca de experiências entre os membros;
- **palestras exclusivas com especialistas e executivos de destaque**;
- **acesso a uma rede de *networking* ativa**, conectando profissionais, empreendedores e investidores.

A IA generativa acelera esse modelo ao personalizar experiências dentro dessas comunidades, permitindo:

- recomendações de conteúdos e trilhas de aprendizado ajustadas ao perfil do aluno;
- sugestões de conexões profissionais relevantes;
- criação de assistentes virtuais que respondem a dúvidas e indicam materiais em tempo real.

Como ressalta o professor Maurício Garcia (2025), expert em tecnologia e educação e líder do conselho acadêmico da Inteli, vivemos agora a era dos "botões mágicos", que passaram a existir em praticamente todas as plataformas – e a educação não é exceção. Professores têm explorado intensamente esses recursos para criar questões de prova, corrigir redações, gerar *feedbacks* personalizados e elaborar materiais didáticos, apresentações e planos de aula. Para os estudantes, as aplicações incluem geração de planos de estudo, resumos de conteúdo, transcrição e resumo de vídeos, simulados de prova, roteiros de estudo e tutoriais automatizados por IA, com assistentes personalizados.

Na Ânima, já incorporamos alguns desses botões mágicos em nossa plataforma Ulife, com grande adesão de professores e alunos. Essas funcionalidades estão transformando o dia a dia acadêmico, tornando a experiência mais produtiva e alinhada às demandas contemporâneas de ensino e aprendizagem.

---

14 <https://www.strides.com.br/>.

Outro exemplo que me chamou atenção foi durante uma visita à feira Bett Educar, em São Paulo, onde conheci a modernização do Sistema de Ensino Objetivo. A nova plataforma eGenio, desenvolvida sob a liderança do meu amigo Marcelo Vannini, CTO do Objetivo/Unip, foi construída em parceria com a Lyceum, representada pelo Fábio Cespi, VP da empresa. A plataforma reúne uma série de funcionalidades baseadas em IA que apoiam a produção de conteúdo, a correção automatizada e a personalização do aprendizado, tudo a partir da lógica dos "botões mágicos".

Além desses recursos, novas plataformas centralizadas no usuário final, como o Microsoft Copilot, Canva e Gamma, estão contribuindo para aproximar professores e estudantes, e simplificam a criação de conteúdos, apresentações e atividades interativas com apoio direto da IA.

E isso tudo acontece em meio a uma série de outras transformações simultâneas (sociais, culturais, tecnológicas) que estão redesenhando, em tempo real, o que significa ensinar e aprender no século XXI..

Adaptação organizacional e modelos de trabalho no futuro

A transformação digital e a ascensão da IA generativa não impactam apenas processos e modelos de negócio, mas também **a estrutura organizacional e a forma como o trabalho é realizado**. Empresas que desejam manter a competitividade precisarão evoluir **seus modelos de gestão, cultura corporativa e mecanismos de colaboração** para responder às novas dinâmicas do mercado.

A pandemia acelerou a adoção de modelos de trabalho híbridos, que se consolidaram como prática comum em muitas organizações. No entanto, observa-se uma tendência de retorno ao trabalho presencial em algumas empresas. Por exemplo, o JPMorgan Chase determinou que, a partir de março de 2025, todos os funcionários retornem aos escritórios cinco dias por semana (REUTERS, 2025). Decisões semelhantes foram tomadas por outras grandes corporações, como Amazon e AT&T, que retomaram o modelo pré-pandemia. Paralelamente, dados recentes da McKinsey mostram que o fenômeno do "quiet quitting" (ou desistência silenciosa), quando colaboradores se desligam emocionalmente da organização sem formalizar a saída, representa custos ocultos consideráveis e ameaça a produtividade e o engajamento no longo prazo (ALLAS; MUGAYAR-BALDOCCHI, 2024).

Além disso, o conceito de polywork ganha destaque, especialmente entre a geração Z, que valoriza a liberdade para trabalhar em múltiplos projetos e empresas simultaneamente. Essa tendência desafia modelos tradicionais de engajamento, pois colaboradores com múltiplos vínculos demandam maior flexibilidade e um propósito claro para se conectarem à organização. Em um ambiente onde muitos profissionais trabalham remotamente, muitas vezes utilizando equipamentos próprios, a criação de vínculos fortes torna-se ainda mais complexa.

A inteligência artificial adiciona uma nova camada a essa discussão. Com a crescente automação de tarefas cognitivas, novos papéis surgirão, enquanto outros serão reformulados ou até mesmo extintos. Modelos de trabalho orientados à IA exigirão capacitação contínua, requalificação profissional e mudanças nos critérios de desempenho e produtividade. A colaboração entre humanos e IA, dentro de um conceito de "human-in-the-loop", será essencial para que a tecnologia amplifique o potencial das equipes, em vez de apenas substituir funções.

Outro aspecto crítico será a reestruturação dos times. Modelos tradicionais baseados em hierarquias rígidas podem perder espaço para estruturas mais descentralizadas, onde a autonomia e a tomada de decisão são distribuídas. Empresas precisarão equilibrar agilidade e governança, para que a inovação aconteça sem comprometer a eficiência operacional.

Ferramentas avançadas, como tradução em tempo real e clonagem de voz, ajudam a superar barreiras de comunicação, promovendo uma sensação de proximidade entre times distribuídos. Contudo, essas tecnologias não substituem a importância de encontros presenciais para consolidar a cultura organizacional e reforçar conexões humanas.

Para enfrentar esses desafios, a Ânima Educação tem investido em iniciativas que promovem interações presenciais significativas. Um exemplo é o encontro Nós, realizado semestralmente com lideranças de tecnologia para discutir aprendizados, alinhar estratégias e reforçar o senso de propósito coletivo. Além disso, encontros bimestrais entre líderes seniores são complementados por momentos informais, como *happy hours*, que aprofundam a confiança e o aprendizado em um ambiente mais descontraído.

A transformação organizacional não será um evento pontual, mas um processo contínuo, onde a capacidade de aprender, desaprender e se reinventar será o maior diferencial competitivo. Em modelos híbridos, os líderes precisam equilibrar o uso de tecnologias digitais com iniciativas que valorizem a experiência humana. Ferramentas digitais podem facilitar a colaboração, mas são os ritos e as interações cara a cara que funcionam como alicerces para engajar equipes, lidar com os desafios do *silent quitting* e construir uma cultura organizacional resiliente em um mundo onde o *polywork* é cada vez mais comum.

À medida que as organizações se adaptam a esse novo cenário, surge um desafio igualmente crítico: garantir que a adoção massiva de tecnologias avançadas ocorra de maneira ética, transparente e alinhada a padrões regulatórios. A IA, em especial, levanta questões complexas sobre privacidade, viés algorítmico e responsabilidade corporativa. No próximo tópico, conheceremos o papel da regulação e dos marcos éticos na construção de um futuro digital mais seguro e sustentável.

Regulação e ética na inteligência artificial

A crescente influência da IA generativa levanta questões críticas sobre governança, transparência e sustentabilidade. O desafio é duplo: por um lado, garantir que a IA seja desenvolvida de forma ética e responsável; por outro, evitar que regulamentações excessivas inibam a inovação e prejudiquem a competitividade das empresas.

O relatório *Artificial Intelligence's Energy Paradox: Balancing Challenges and Opportunities* (AI GOVERNANCE ALLIANCE, 2025) destaca que o consumo de eletricidade da IA pode crescer até **50% ao ano entre 2023 e 2030**, colocando os *data centers* no centro do debate ambiental. Atualmente, essas infraestruturas já representam **de 1% a 2% da demanda global de eletricidade**, podendo atingir **3% até o final da década**. Além disso, **60% do consumo energético total da IA ocorre na fase de implantação** dos modelos.

Diante desse cenário, é fundamental conectar os avanços regulatórios aos pilares ESG (*Environmental, Social and Governance*), contribuindo para um desenvolvimento sustentável e equitativo.

Essa discussão ganha ainda mais urgência com o avanço de *wearables* com inteligência artificial, como o Bee, o Humane AI Pin e o Rabbit R1. Esses dispositivos têm a capacidade de gravar áudios, imagens e contextos do ambiente ao redor, muitas vezes sem o consentimento explícito de todos os envolvidos, e processar essas informações para gerar ações e *insights* automatizados. O que antes exigia computadores sofisticados agora cabe na palma da mão ou no bolso, ampliando exponencialmente a escala de coleta de dados do cotidiano. Nossas conversas no mundo real passaram a ser acompanhadas por IA, que agora está embutida em dispositivos acessíveis, portáteis e cada vez mais invisíveis. Esse novo cenário levanta questões éticas profundas sobre privacidade, consentimento, segurança da informação e o próprio limite da autonomia humana frente a sistemas que aprendem e agem em tempo real com base em tudo o que captam ao nosso redor.

Governança de dados e transparência regulatória

Os mais recentes marcos regulatórios visam equilibrar segurança, inovação e responsabilidade ambiental. A União Europeia, por meio do AI Act[15], adotou um modelo de regulação rigoroso, que categoriza aplicações de IA conforme seu risco e impõe restrições mais severas para casos de alto impacto, como reconhecimento facial em tempo real e algoritmos que influenciam decisões financeiras e judiciais.

Nos Estados Unidos, o ***Blueprint for an AI Bill of Rights***[16], assinado em outubro de 2023 pelo então presidente Joe Biden, estabelecia princípios para proteger a privacidade, garantir transparência e promover a governança algorítmica na inteligência artificial. No entanto, em 20 de janeiro de 2025, o presidente Donald Trump revogou essa ordem executiva, argumentando que tais regulamentações poderiam restringir a inovação tecnológica.

No Brasil, o **Plano Brasileiro de Inteligência Artificial (PBIA) 2024-2028**[17] propõe uma estrutura regulatória que incentiva a inovação com

---

15 <https://artificialintelligenceact.eu/>.

16 <https://bidenwhitehouse.archives.gov/ostp/ai-bill-of-rights/what-is-the-blueprint-for-an-ai-bill-of-rights/>.

17 <https://www.gov.br/lncc/pt-br/assuntos/noticias/ultimas-noticias-1/plano-brasileiro-de-inteligencia-artificial-pbia-2024-2028>.

responsabilidade. O PBIA prioriza temas como ética, segurança, capacitação profissional e desenvolvimento sustentável, sinalizando um compromisso estratégico do país com a governança da IA. Além disso, o **Marco Regulatório da Inteligência Artificial no Brasil**, atualmente em discussão no **PL 2338/2023**[18], visa estabelecer diretrizes claras para o desenvolvimento e uso da IA, abordando questões como responsabilidade civil, transparência algorítmica e mitigação de vieses.

Um ponto crucial nessa discussão é a governança de dados. O uso indiscriminado de informações para treinar modelos de IA levanta preocupações sobre privacidade e viés algorítmico. Empresas precisam adotar mecanismos que garantam **transparência na coleta e no processamento de dados**, mitigando riscos de discriminação e reforçando a confiança dos usuários.

Um exemplo ilustrativo é o caso **Thomson Reuters contra a Ross Intelligence** (D'ANGELO; SHIELDS, 2024), no qual a Thomson Reuters, gigante da informação jurídica e proprietária do Westlaw, processou a Ross Intelligence, uma *startup* de IA para pesquisa jurídica, por uso não autorizado de resumos de decisões judiciais para treinar seu modelo. O tribunal decidiu que a Ross infringiu os direitos autorais da Thomson Reuters, destacando a importância de obter permissões adequadas ao utilizar conteúdos protegidos para treinamento de IA.

Situações semelhantes já ocorrem em outros campos da IA generativa. Se você solicitar ao **DALL-E** que gere uma imagem de uma princesa da Disney ou pedir ao próprio **ChatGPT** uma descrição detalhada desses personagens, a resposta será uma recusa com base em restrições de direitos autorais. Para as empresas de tecnologia, o desafio de equilibrar inovação com respeito à propriedade intelectual só cresce.

O futuro da regulação e o papel da IA na sustentabilidade

A complexidade do custo energético da IA aparece em aspectos que passam despercebidos pelo usuário comum. Em uma fala recente, Sam *Altman*, CEO da OpenAI, comentou que dizer "por favor" e "obrigado" em *prompts* do ChatGPT custa milhões de dólares por ano (VITORIO, 2025). Cada palavra adicional enviada ao sistema consome *tokens*, exige

[18] <https://www25.senado.leg.br/web/atividade/materias/-/materia/157233>.

processamento e gera resposta – o que, em escala global, representa um volume significativo de energia e infraestrutura. Essa observação, embora informal, ilustra como até gestos de cortesia podem ter impacto real quando multiplicados por bilhões de interações em tempo real.

À medida que a IA avança, cresce também o debate sobre os vieses embutidos nos algoritmos, que podem impactar a equidade e a transparência e reforçar censuras institucionais. Mesmo que alguns desses modelos tragam consigo ganhos expressivos em eficiência energética e redução de custos computacionais, ainda carregam riscos significativos em termos de liberdade de expressão e controle governamental.

Um exemplo notável é o *chatbot* chinês **DeepSeek**, que, apesar de sua arquitetura otimizada e custo computacional reduzido, segundo afirmações da própria empresa, restringe perguntas sensíveis. Quando questionado sobre temas como Taiwan ou os protestos na Praça Tiananmen, o modelo evita respostas diretas ou redireciona a conversa para narrativas alinhadas ao governo chinês. Em alguns casos, ele inicialmente gera uma resposta, mas rapidamente a substitui por uma mensagem evasiva, como: "vamos falar sobre outra coisa". Isso ilustra como decisões políticas podem ser embutidas nos algoritmos e impactar o acesso à informação.

Essa realidade ressalta a necessidade de que a regulação da IA vá além de diretrizes técnicas e aborde também os impactos sociais e políticos da tecnologia. O equilíbrio entre inovação e governança responsável exige mecanismos que mitiguem vieses e garantam que os modelos de IA sejam desenvolvidos e utilizados com transparência e imparcialidade.

Ao mesmo tempo, a integração entre regulação e sustentabilidade se torna cada vez mais urgente. A busca por eficiência energética nos modelos de IA deve ser acompanhada por padrões de governança que assegurem que a tecnologia esteja alinhada com princípios éticos globais. Afinal, de que adiantará se essa eficiência vier à custa de maior controle estatal sobre a informação ou perpetuar vieses estruturais?

Nesse cenário, as decisões tomadas hoje sobre a governança da IA terão impactos profundos na liberdade digital, na distribuição de poder e na maneira como sociedades inteiras interagem com a tecnologia no futuro. O verdadeiro desafio não está apenas em regular a IA, mas em garantir que essa regulação sirva ao interesse coletivo e promova um desenvolvimento tecnológico que seja, ao mesmo tempo, sustentável e democrático.

IA, trabalho e sociedade: a era dos companheiros digitais

Com o avanço da IA generativa, surgem os chamados **copilotos emocionais**, modelos projetados para interagir de forma empática, compreendendo e respondendo às emoções humanas. Empresas como OpenAI e Google DeepMind estão desenvolvendo assistentes que oferecem suporte personalizado e se adaptam ao estado emocional dos usuários.

O impacto dessa evolução vai além da produtividade e redefine nossa relação com a tecnologia. O filme ***Her* (2013)** antecipou essa possibilidade, retratando um sistema operacional que se torna parceiro sentimental do protagonista. Embora ainda não tenhamos IAs enviando mensagens espontâneas como "Oi, sumido(a)!" no WhatsApp, a personalização emocional já é realidade em *chatbots* terapêuticos, assistentes virtuais e aplicativos de saúde mental.

No entanto, a integração da IA em áreas sensíveis levanta questões éticas e sociais. Aplicativos de namoro, por exemplo, estão incorporando IA para melhorar a experiência do usuário. O Tinder utiliza IA para ajudar na seleção de fotos de perfil, enquanto o Bumble detecta perfis falsos gerados por IA. Por outro lado, usuários recorrem a ferramentas como Rizz, DatingAI e WingAI para gerar respostas atraentes automaticamente, o que pode levar a interações desiguais e questionamentos sobre a autenticidade das conexões estabelecidas.

Além disso, plataformas como o Grindr estão desenvolvendo assistentes virtuais, conhecidos como "wingmen" de IA, para auxiliar usuários na criação de mensagens iniciais e no desenvolvimento de conversas mais envolventes. Esses assistentes buscam reduzir o desgaste emocional associado ao uso contínuo de aplicativos de namoro, oferecendo suporte personalizado e ajudando a manter o interesse nas interações.

A CEO da Replika, Eugenia Kuyda, destaca que a intenção desses companheiros de IA não é substituir interações humanas, mas complementá-las, criando uma nova categoria de relacionamento. Embora alguns usuários desenvolvam vínculos profundos com seus assistentes virtuais, incluindo sentimentos românticos, a proposta é fornecer suporte emocional e bem-estar, especialmente para aqueles que enfrentam solidão ou dificuldades em relacionamentos tradicionais (PATEL, 2024).

A grande questão agora não é se essas interações serão possíveis, mas quais serão suas implicações éticas e sociais. Qual o limite entre um assistente empático e um companheiro artificial? Como garantir que a tecnologia não crie dependências emocionais prejudiciais? A era dos **companheiros digitais** pode representar um avanço revolucionário, mas exige um debate profundo sobre responsabilidade, autenticidade e bem-estar humano.

Como empresas e líderes podem se preparar para o futuro

A aceleração das inovações, impulsionada pela IA generativa, exige um novo perfil de liderança e um modelo organizacional mais dinâmico. Essa preparação passa por quatro pilares essenciais: aprendizado contínuo, inteligência estratégica, resiliência organizacional e cultura de experimentação.

1. Aprendizado contínuo

A preparação para o futuro começa com o aprendizado contínuo. O conceito de ***lifelong learning*** não é mais uma opção, mas uma necessidade. Segundo o ***Future of Jobs Report* 2025**, do Fórum Econômico Mundial (WEF, 2025), **39% das habilidades atuais se tornarão obsoletas até 2030**, o que ressalta a necessidade do desenvolvimento de novas competências. Habilidades como pensamento analítico, criatividade e inteligência emocional continuarão sendo essenciais, enquanto capacidades técnicas, como IA, *big data* e cibersegurança, ganham ainda mais relevância.

Líderes que não se atualizam correm o risco de ficarem obsoletos. Como ressalta o **Ricardo Cavallini**, professor do ***Executive Program* da Singularity Brazil**, a velocidade das mudanças tecnológicas exige uma postura ativa de aprendizado e adaptação. Em seu livro *Para os seus próximos mil anos* (2023), ele enfatiza que, no futuro, todos seremos designers, pois a criação de produtos e serviços estará cada vez menos restrita a especialistas e será mais acessível a qualquer profissional capaz de entender demandas e propor soluções. Ele argumenta que **não há mais uma distinção clara entre quem cria e quem consome tecnologia**, pois a digitalização e a democratização da inovação tornaram possível a participação de qualquer pessoa na construção do futuro.

Essa nova realidade exige que o aprendizado não se limite a cursos formais, mas inclua **imersões práticas, participação em comunidades de inovação e interações constantes com diferentes setores da economia**. A educação corporativa está se adaptando a esse cenário. Programas executivos, como os oferecidos por instituições como MIT, Harvard e Singularity, combinam conhecimentos técnicos com habilidades de liderança para ajudar executivos na transformação digital. Além disso, eventos globais como **Web Summit, SXSW e AWS Re:Invent** se tornaram espaços estratégicos para troca de experiências e aprendizado prático.

2. Inteligência estratégica

De acordo com o estudo *Generative AI at work: shaping the future of organizations*, do Capgemini Research Institute (2024), empresas que adotam IA generativa em escala apresentam um aumento significativo de produtividade e inovação. No entanto, os desafios da implementação são proporcionais às oportunidades. O relatório aponta que apenas 10% das empresas conseguem capturar todo o valor da IA generativa devido a barreiras como falta de governança, resistência cultural e dificuldades em integrar a tecnologia aos processos de negócio.

A transformação digital e a IA exigem que líderes dominem não apenas a parte técnica, mas também a governança e o impacto dessas tecnologias no longo prazo. O conceito de AI *fluency* (a capacidade de entender e aplicar IA estrategicamente) será um dos diferenciais competitivos mais importantes para executivos nas próximas décadas.

3. Resiliência organizacional

O futuro das empresas não será definido apenas pela adoção de tecnologia, mas pela capacidade de adaptação diante de cenários incertos. Segundo Yuval Harari, no livro Nexus (2024), que já citei anteriormente, a aceleração da inteligência artificial pode gerar desafios imprevisíveis, tornando a resiliência uma competência central para organizações e indivíduos. Empresas que se preparam para mudanças constantes desenvolvem mecanismos para prever riscos, testar hipóteses rapidamente e pivotar quando necessário.

A resiliência organizacional passa pelo fortalecimento da cultura corporativa, onde a inovação é incentivada e o erro faz parte do processo de aprendizado. Nesse contexto, **metodologias como o Future Canvas** (MORENO, s.d.), da Bits Academy, **ajudam empresas a mapear tendências, identificar oportunidades e estruturar respostas estratégicas a cenários de incerteza**.

4. Cultura de experimentação

Se no passado os ciclos de inovação eram longos, hoje a experimentação rápida é um imperativo. A capacidade de testar hipóteses rapidamente, coletar *feedbacks* e ajustar estratégias em tempo real será um dos maiores diferenciais competitivos das empresas do futuro.

Essa abordagem não é nova. O conceito remonta a uma das mudanças mais ambiciosas propostas há mais de uma década, quando Eric Ries (2012) introduziu o ***Lean Startup*** como um modelo para inovação ágil e aprendizado contínuo. O que muda agora é que essa mentalidade, antes disruptiva, já foi amplamente testada e assimilada pelo mercado. Empreendedores que antes estavam descobrindo esse processo hoje já o dominam e o aplicam com mais maturidade.

Diante de mais uma revolução tecnológica, dessa vez impulsionada por IA, computação em nuvem e automação, essa mentalidade se torna novamente essencial. Empresas bem-sucedidas continuam adotando o conceito de **"fail fast, learn faster"**, no qual pequenos experimentos são realizados continuamente para validar hipóteses antes de grandes investimentos. Essa abordagem reduz riscos, acelera a adoção de novas tecnologias e permite que negócios inovem com mais eficiência.

O futuro do trabalho e o papel estratégico da liderança

A preparação para o futuro exige um olhar estratégico que vá além das fronteiras organizacionais. As decisões tomadas por empresas e líderes não ocorrem em um vácuo tecnológico, mas em um ambiente global onde aspectos geopolíticos desempenham um papel cada vez mais central. **A corrida pela IA e outras tecnologias críticas já ultrapassou o campo da inovação corporativa e se tornou uma questão de soberania nacional**, influenciando políticas industriais, regulações e alianças estratégicas entre países e blocos econômicos.

A disputa pelo domínio da IA e da infraestrutura digital vem sendo impulsionada por investimentos massivos de governos, como o StarGate nos Estados Unidos e o InvestAI na União Europeia, além das movimentações de gigantes da tecnologia em busca de maior autonomia.

Para empresas e líderes, entender essa dinâmica geopolítica será fundamental para antecipar riscos, identificar oportunidades e posicionar-se estrategicamente diante de um cenário onde o controle das novas tecnologias pode definir os próximos protagonistas da economia global.

Em última análise, o que diferencia empresas bem-sucedidas das demais não sua capacidade de adotar novas tecnologias, mas sua habilidade de desenvolver talentos, promover inovação contínua e adaptar-se rapidamente às transformações do mercado. O futuro do trabalho não pertence apenas às máquinas ou à IA generativa, mas àqueles que souberem navegar essa nova era com **inteligência estratégica e capacidade de reinvenção.**

Aspectos geopolíticos e a corrida pelas tecnologias críticas

"Estados Unidos e China precisam um do outro porque ambos são grandes demais para serem dominados, especiais demais para serem transformados e necessários demais um para o outro para se permitir o luxo do isolamento." — Henry Kissinger, diplomata e ex-secretário de Estado dos EUA

As tensões geopolíticas estão profundamente conectadas à evolução das tecnologias críticas, que incluem inteligência artificial, biotecnologia, semicondutores e exploração espacial. Essas áreas definem o equilíbrio de poder entre nações. Apesar da crescente rivalidade entre Estados Unidos e China, sobretudo na disputa pela supremacia em IA e semicondutores, a interdependência entre as duas potências permanece inegável, como ressalta Henry Kissinger. Cada nação busca garantir sua soberania tecnológica, mas nenhuma pode se dar ao luxo de um isolamento total sem comprometer seu próprio desenvolvimento.

No livro *Chip War*, Chris Miller (2022) explora como os semicondutores, componentes essenciais para tecnologias como IA, dispositivos móveis e defesa militar, se tornaram o centro de uma disputa pela hegemonia global. O domínio na fabricação de *chips*, liderado por empresas como TSMC e Samsung, posiciona regiões como Taiwan e Coreia do Sul no epicentro dessa corrida. Os Estados Unidos, por sua vez, buscam fortalecer sua independência tecnológica com políticas como o CHIPS Act, enquanto a China intensifica seus investimentos para reduzir sua dependência de fornecedores estrangeiros.

Além da produção de *chips*, outras tecnologias também desempenham papéis geopolíticos significativos. A biotecnologia, por exemplo, influencia a segurança alimentar e a saúde pública, enquanto a corrida espacial redefine estratégias de comunicação e exploração de recursos fora da Terra. Mesmo diante da competição acirrada, a interconexão econômica e tecnológica entre essas potências torna o cenário mais complexo do que uma simples disputa, reforçando a visão de Kissinger sobre a impossibilidade de um completo desacoplamento.

Nearshoring e *friendshoring* no contexto tecnológico e inovador

Diante das crescentes tensões geopolíticas e das complexas cadeias globais de suprimentos, estratégias como *nearshoring* e *friendshoring* surgem como respostas estratégicas para mitigar riscos e garantir continuidade operacional. No contexto tecnológico, essas abordagens assumem uma importância ainda maior devido à necessidade de infraestrutura robusta, capacidade de processamento e fontes de energia para tecnologias como IA generativa.

O *nearshoring* envolve a transferência de operações e processos para países próximos, aproveitando vantagens como fusos horários semelhantes, afinidades culturais e menores custos logísticos. Para o setor de tecnologia, isso proporciona agilidade no desenvolvimento de software, colaboração em tempo real e maior resiliência em cenários críticos. Um exemplo são empresas norte-americanas que vêm estabelecendo centros de tecnologia no México e em outros países da América Latina, criando *hubs* de inovação a partir da proximidade e da redução de custos operacionais.

Por outro lado, o *friendshoring* foca na realocação de operações para países aliados que compartilham valores, políticas e objetivos estratégicos semelhantes. Essa estratégia é útil na produção de componentes críticos, como semicondutores, ao estabelecer parcerias confiáveis em um cenário de crescente competição tecnológica. Provedores de serviços em nuvem e soluções de IA, como AWS e Google Cloud, buscam consolidar operações em territórios de aliados para fortalecer a segurança de dados e a continuidade do fornecimento.

Entretanto, no segundo mandato do presidente Donald Trump, iniciado em 2025, esses conceitos estão sendo revistos diante da adoção de tarifas sobre aliados históricos e vizinhos estratégicos, como Canadá e México. Embora ainda seja cedo para afirmar que *nearshoring* e *friendshoring* estão em risco, será essencial observar as próximas medidas concretas do governo americano, descontando a retórica presidencial sobre o tema. A imposição de barreiras comerciais pode alterar significativamente a dinâmica dessas estratégias, tornando a relação entre política e tecnologia ainda mais intrincada nos próximos anos.

Tais estratégias fortalecem a soberania tecnológica das nações, especialmente em setores dependentes de IA e *data centers*. A aplicação de tecnologias críticas exige fontes de energia sustentáveis, e o Brasil, com sua matriz energética limpa, possui uma posição privilegiada para atrair investimentos no setor.

Iniciativas locais reforçam esse potencial. O **MagaLu Cloud** oferece serviços em nuvem voltados para pequenas e médias empresas brasileiras, fomentando a transformação digital no país. Já o **Plano Brasileiro de Inteligência Artificial (PBIA[19])** visa equipar o país com infraestrutura de ponta, incluindo um supercomputador entre os cinco mais poderosos do mundo, e promover o desenvolvimento de modelos avançados em português, como o **Maritaca.ai[20]**, modelo fundacional de IA. Esses esforços alinham o Brasil com as tendências globais de *nearshoring* e *friendshoring*.

---

[19] <https://www.gov.br/lncc/pt-br/assuntos/noticias/ultimas-noticias-1/plano-brasileiro-de-inteligencia-artificial-pbia-2024-2028>.

[20] <https://www.maritaca.ai/>.

Para compreender o impacto de estratégias como *nearshoring* e *friendshoring* no contexto geopolítico e tecnológico, é fundamental contar com abordagens acessíveis que conectem eventos globais às realidades locais. O professor **Heni Ozi Cukier (Professor HOC)**, uma referência em geopolítica no Brasil, destaca-se como um exemplo de transformação da profissão docente. Ao se projetar no digital de forma independente, ele exemplifica como a inovação pode ampliar o alcance de educadores, mesmo enquanto segue lecionando em grandes instituições de ensino.

Em seu *podcast*, HOC explora temas como a guerra tecnológica entre Estados Unidos e China, contextualizando os desafios enfrentados por empresas e governos em meio às tensões globais. Ele analisa como *nearshoring* e *friendshoring* definem as cadeias de valor e as relações internacionais. Esses temas são apresentados de forma clara e prática.

Os temas de *nearshoring*, *friendshoring* e o impacto da geopolítica nas tecnologias críticas destacam o papel estratégico de tecnologias como IA, biotecnologia e semicondutores na redefinição do equilíbrio global. Embora iniciativas nacionais como o Plano Brasileiro de Inteligência Artificial (PBIA), o modelo fundacional Maritaca.ai e projetos como o MagaLu Cloud sejam passos na direção certa, surge a dúvida: serão esses movimentos suficientes para posicionar o Brasil de forma relevante?

A falta de uma coordenação estratégica entre setores público e privado e a visão frequentemente limitada de lideranças empresariais, focadas em resultados trimestrais, colocam em xeque o alcance dessas iniciativas. É essencial que os líderes olhem além do imediato e assumam uma postura mais ampla, comprometendo-se com um projeto de país que priorize soberania tecnológica, inovação sustentável e competitividade internacional.

Se empresas e governos não agirem com urgência e visão de longo prazo, corremos o risco de nos tornarmos espectadores em vez de protagonistas na corrida global por tecnologias críticas.

A geopolítica dos *chips* e a IA

Empresas como ASML, TSMC e Nvidia estão no epicentro dessa disputa. A ASML, sediada na Holanda, detém o monopólio global da fabricação de máquinas de litografia ultravioleta extrema (*Extreme Ultraviolet Lithography*

– EUV), essenciais para a produção dos semicondutores mais avançados. A TSMC (*Taiwan Semiconductor Manufacturing Company*) é responsável por fabricar a maioria dos *chips* avançados utilizados globalmente, colocando Taiwan em uma posição estratégica delicada. Já a Nvidia, com seus processadores gráficos (*Graphics Processing Units* – GPUs) de alto desempenho, se tornou essencial para o treinamento e a execução de modelos de inteligência artificial generativa e outras aplicações avançadas de IA.

Do outro lado do espectro, a China tem investido em empresas como a SMIC (*Semiconductor Manufacturing International Corporation*) e em iniciativas nacionais para alcançar a autossuficiência em semicondutores e tecnologias de IA. A introdução do **Kirin 9000S**, *chip* avançado da Huawei fabricado pela SMIC em um processo de 7nm, marcou um avanço significativo. Esse desenvolvimento demonstra que, apesar das severas restrições impostas pelos EUA ao acesso chinês a tecnologias de ponta, o país segue avançando na busca por soberania tecnológica.

A guerra dos *chips* entre os EUA e a China não se limita à competição comercial, mas reflete uma disputa mais ampla por supremacia tecnológica e segurança nacional. Os Estados Unidos tentam manter sua vantagem restringindo o acesso chinês a equipamentos avançados de fabricação de *chips* e impondo sanções a empresas estratégicas como Huawei e SMIC. No entanto, a China tem reagido com investimentos agressivos em pesquisa e desenvolvimento, além de incentivos fiscais e subsídios para fortalecer sua indústria local.

O desenvolvimento do Kirin 9000S também destaca as dificuldades do Ocidente em conter totalmente o avanço tecnológico chinês. Embora a produção desse *chip* demonstre progresso, as limitações impostas pelas sanções ainda restringem a capacidade da China de competir plenamente com os principais *players* do setor. Essa dinâmica levanta questionamentos sobre a viabilidade de um desacoplamento total entre as cadeias globais de suprimentos de semicondutores e se a fragmentação desse mercado não resultará em ineficiências e impactos negativos para a inovação global.

Nesse cenário, a competição entre Estados Unidos e China seguirá influenciando o futuro da inteligência artificial e da computação de alto desempenho. A evolução das políticas de ambos os países, seja na forma de restrições ou incentivos, será determinante para o equilíbrio de poder no setor de semicondutores e suas aplicações tecnológicas mais avançadas.

A geopolítica do espaço

Além da corrida pelos *chips*, a geopolítica do espaço desponta como outra frente crítica de inovação e competição global, com implicações diretas para a transformação digital e o avanço da inteligência artificial. Empresas como a SpaceX (Elon Musk) e a Blue Origin (Jeff Bezos) estão revolucionando o acesso ao espaço com tecnologias de baixo custo e reutilização de foguetes, fazendo avanços significativos na exploração comercial e científica. Mais do que exploração, essas iniciativas estão impulsionando a criação de infraestruturas de conectividade avançada, essenciais para a expansão da economia digital e das aplicações baseadas em IA.

A China, por sua vez, continua investindo em projetos espaciais estratégicos, como a estação espacial Tiangong e missões voltadas para a colonização lunar. Mas um dos seus avanços mais significativos está na **comunicação via satélite de última geração**, com a introdução de **tecnologia de transmissão a laser** entre satélites e estações terrestres. Esse avanço permite velocidades de até 100 Gbps, superando largamente soluções como o Starlink da SpaceX. Essa nova infraestrutura de conectividade poderá transformar radicalmente setores dependentes de inteligência artificial, como cidades inteligentes, veículos autônomos e automação industrial, com latências menores e uma descentralização ainda maior do processamento de dados.

A Rússia, um dos pioneiros históricos na exploração espacial, mantém sua influência nesse cenário, focando-se especialmente no uso estratégico do espaço para defesa e inteligência militar. O país investe em satélites para comunicações militares, vigilância e navegação, além de potenciais aplicações ofensivas no espaço. No contexto da transformação digital, a crescente militarização do espaço adiciona uma nova camada de desafios à segurança cibernética e à governança global das redes de comunicação.

A disputa pelo controle do espaço não se limita apenas a lançamentos de foguetes ou à exploração planetária. O desenvolvimento de novas tecnologias de comunicação orbital pode acelerar a adoção da IA, possibilitando a criação de redes de inteligência distribuídas, conectividade ultrarrápida e maior acessibilidade digital para áreas remotas. Se essa tendência continuar, o domínio sobre as redes espaciais será um fator decisivo para a consolidação da transformação digital global.

A convergência entre infraestrutura espacial, IA e transformação digital reforça que a disputa pelo espaço não é apenas uma questão geopolítica, mas uma peça central para o futuro da inovação e do desenvolvimento econômico. À medida que mais nações e empresas entram nesse domínio, a conectividade via satélite se consolida como um fator que vai impulsionar a próxima revolução digital.

Conectando o futuro: reflexões finais

> "O mais importante e bonito, do mundo, é isto: que as pessoas não estão sempre iguais, ainda não foram terminadas - mas que elas vão sempre mudando." — Guimarães Rosa

Se há um aprendizado central desta jornada, é que a única constante no futuro será a mudança. Assim como apontou Guimarães Rosa, ninguém está pronto ou terminado - estamos sempre nos transformando. A evolução exponencial da IA generativa e a interseção entre geopolítica e inovação continuarão a redefinir os negócios e as fronteiras da competitividade. A cada novo ciclo tecnológico, o que antes parecia distante rapidamente se torna essencial - e essa realidade exige de líderes e organizações uma mentalidade de aprendizado contínuo e experimentação constante.

A preparação para esse futuro incerto não depende apenas da adoção de novas ferramentas ou metodologias, mas do desenvolvimento de uma cultura organizacional resiliente, capaz de se reinventar diante de desafios inesperados. Isso significa equilibrar inovação com governança, velocidade com responsabilidade e disrupção com propósito.

Durante as reflexões contidas no tópico *Um balanço até aqui*, do capítulo anterior, citei outra frase de Guimarães Rosa que ressoa com toda essa trajetória: "quem elegeu a busca, não pode recusar a travessia". Ao longo das páginas, exploramos essa travessia encarando desafios, incertezas e oportunidades. Ao encerrar este livro, convido você a refletir sobre como pode aplicar esses aprendizados em sua trajetória profissional e em sua organização. O futuro não está predeterminado – ele será moldado pelas decisões que tomamos hoje.

Que esta leitura tenha servido como um guia para ajudar a conectar o presente ao futuro. Afinal, transformar não é apenas uma necessidade estratégica, mas uma oportunidade de criar valor duradouro para empresas, pessoas e a sociedade como um todo. ■

"O futuro não está predeterminado – ele será moldado pelas decisões que tomamos hoje."

BIBLIOGRAFIA

AGGARWAL, N.; LIU, A. KPIs for gen AI: Why measuring your new AI is essential to its success. **Google Cloud Blog**, Nov. 21, 2023. Disponível em: <https://cloud.google.com/transform/kpis-for-gen-ai-why-measuring-your-new-ai-is-essential-to-its-success>. Acesso em: 08 abr. 2025.

AI GOVERNANCE ALLIANCE. Artificial Intelligence's Energy Paradox: balancing challenges and opportunities. White paper. **World Economic Forum**, Jan. 2025. Disponível em: <https://reports.weforum.org/docs/WEF_Artificial_Intelligences_Energy_Paradox_2025.pdf>. Acesso em: 09 abr. 2025.

ALLAS, T.; MUGAYAR-BALDOCCHI, M. The hidden costs of quiet quitting, quantified. **McKinsey & Company**, Feb. 28, 2024. Disponível em: <https://www.mckinsey.com/uk/our-insights/the-mckinsey-uk-blog/the-hidden-costs-of-quiet-quitting-quantified>. Acesso em: 14 abr. 2025.

AWS. **Generative AI:** the tipping point is now. 2025. Disponível em: <https://pages.awscloud.com/NAMER-field-DL-genAI-predictions-2025-learn.html>. Acesso em: 08 abr. 2025.

BABBAR, A. *et al.* Why most digital banking transformations fail—and how to flip the odds. **McKinsey Digital**, Apr. 11, 2023. Disponível em: <https://www.mckinsey.com/capabilities/mckinsey-digital/our-insights/tech-forward/why-most-digital-banking-transformations-fail-and-how-to-flip-the-odds>. Acesso em: 09 abr. 2025.

BECKHARD, R.; HARRIS, R. T. **Organizational Transitions:** managing complex change. Reading, MA: Addison Wesley, 1977.

BRASIL. Ministério da Ciência, Tecnologia e Inovações. Laboratório Nacional de Computação Científica – LNCC. **Plano Brasileiro de Inteligência Artificial (PBIA) 2024-2028.** 07 ago. 2024. Disponível em: <https://www.gov.br/lncc/pt-br/assuntos/noticias/ultimas-noticias-1/plano-brasileiro-de-inteligencia-artificial-pbia-2024-2028>. Acesso em: 09 abr. 2025.

BRASIL. Ministério da Educação. Instituto Nacional de Estudos e Pesquisas Educacionais Anísio Teixeira – Inep. **Censo da Educação Superior.** 15 mar. 2022. Atualizado em 03 out. 2024. Disponível em: <https://www.gov.br/inep/pt-br/acesso-a-informacao/dados-abertos/microdados/censo-da-educacao-superior>. Acesso em: 09 abr. 2025.

CAPGEMINI RESEARCH INSTITUTE. Generative AI at work: shaping the future of organizations. **Capgemini**, 2024. Disponível em: <https://www.capgemini.com/insights/research-library/generative-ai-in-leadership/>. Acesso em: 09 abr. 2025.

CARVALHO, L. F. Horizontes de inovação da McKinsey: o que são e como aplicar. **Aevo**, 06 out. 2022. Disponível em: <https://blog.aevo.com.br/horizontes-de-inovacao/>. Acesso em: 14 abr. 2025.

CAVALLINI, R. **Para os seus próximos mil anos:** um manual para as profissões que ainda não existem. Jundiaí: Conectomus, 2023.

CHRISTENSEN, C. **The Innovator's Dilemma:** when new technologies cause great firms to fail. Boston: Harvard Business Review Press, 2013.

D'ANGELO, F. D.; SHIELDS, E. Thomson Reuters v. Ross Intelligence, Inc. **Loeb & Loeb**, Feb. 11, 2024. Disponível em: <https://www.loeb.com/en/insights/publications/2025/02/thomson-reuters-v-ross-intelligence-inc>. Acesso em: 09 abr. 2025.

EUROPEAN COMMISSION. **AI Act.** Disponível em: <https://digital-strategy.ec.europa.eu/en/policies/regulatory-framework-ai>. Acesso em: 09 abr. 2025.

EUROPEAN COMMISSION. **EU launches InvestAI initiative to mobilise €200 billion of investment in artificial intelligence.** Feb. 10, 2025. Disponível em: <https://ec.europa.eu/commission/presscorner/detail/en/ip_25_467>. Acesso em: 09 abr. 2025.

FITZGERALD, M. *et al.* Embracing Digital Technology: a new strategic imperative. **MIT Sloan Management Review**, Oct. 07, 2013. Disponível em: <https://sloanreview.mit.edu/projects/embracing-digital-technology/>. Acesso em: 08 abr. 2025.

FORTH, P. *et al.* Flipping the Odds of Digital Transformation Success. **BCG**, Oct. 29, 2020. Disponível em: <https://www.bcg.com/publications/2020/increasing-odds-of-success-in-digital-transformation>. Acesso em: 08 abr. 2025.

FUTURE OF LIFE INSTITUTE. **The EU Artificial Intelligence Act:** up-to-date developments and analyses of the EU AI Act. Disponível em: <https://artificialintelligenceact.eu/>. Acesso em: 09 abr. 2025.

FUTURE TODAY INSTITUTE. **2024 Tech Trends Report.** 17th.ed. 2024. Disponível em: <https://futuretodayinstitute.com/trends/>. Acesso em: 09 abr. 2025.

GALLOWAY, S. 2025 Predictions. **No Mercy/No Malice**, Jan. 03, 2025. Disponível em: <https://www.profgalloway.com/2025-predictions/>. Acesso em: 14 abr. 2025.

GARCIA, M. A Era dos Super Humanos. **LinkedIn**, 21 abr. 2025. Disponível em: <https://www.linkedin.com/pulse/era-dos-super-humanos-maur%C3%ADcio-garcia-ikyff/>. Acesso em: 19 maio 2025.

GAYHARDT, L.; THIGPEN, M.; FRANKS, L. Evaluation and monitoring metrics for generative AI. **Azure AI Foundry**, Apr. 04, 2025. Disponível em: <https://learn.microsoft.com/en-us/azure/ai-studio/concepts/evaluation-metrics-built-in?tabs=warning>. Acesso em: 09 abr. 2025.

GOOGLE CLOUD. **Accelerate State of DevOps**. 2024. Disponível em: <https://cloud.google.com/devops/state-of-devops>. Acesso em: 08 abr. 2025.

GUTOWSKA, A. What are IA agents? **IBM**, July 03, 2024. Disponível em: <https://www.ibm.com/think/topics/ai-agents>. Acesso em: 09 abr. 2025.

HARARI, Y. N. **Nexus:** história breve das redes de informação da idade da pedra à inteligência artificial. Amadora: Elsinore, 2024.

HARRACA, P. **O poder transformador do ESG:** como alinhar lucro e propósito. São Paulo: Planeta Estratégia, 2022.

ICTD. Índice CESAR de transformação digital. Disponível em: <https://transformacao.cesar.org.br/>. Acesso em: 08 abr. 2025.

INSTITUTO SEMESP. Mapa do Ensino Superior no Brasil. 14.ed. 2024. Disponível em: <https://www.semesp.org.br/mapa/edicao-14/>. Acesso em: 09 abr. 2025.

ISAACSON, W. **Elon Musk.** Rio de Janeiro: Intrínseca, 2023.

JEANS, S. Microsoft to resurrect the Three Mile Island nuclear power plant in exclusive deal. Daily AI, Sep. 21, 2024. Disponível em: <https://dailyai.com/2024/09/microsoft-to-ressurrect-the-three-mile-island-nuclear-power-plant-in-exclusive-deal/>. Acesso em: 14 abr. 2025.

JP MORGAN CHASE. **Global Technology Applied Research.** Disponível em: <https://www.jpmorgan.com/technology/applied-research>. Acesso em: 09 abr. 2025.

KANE, G. C. *et al.* **The Technology Fallacy:** how people are the real key to digital transformation. Cambridge, MA: MIT Press, 2019.

KPMG. **KPMG Survey:** Majority of US businesses say they have not seen an increase in performance or profitability from digital transformation investments. 2023. Disponível em: <https://kpmg.com/us/en/media/news/kpmg-us-tech-survey-report-findings.html>. Acesso em: 08 abr. 2025.

KURZWEIL, R. **A singularidade está próxima:** quando os humanos transcendem a biologia. Trad. Ana Goldberger. São Paulo: Itaú Cultural; Iluminuras, 2018.

LAMARRE, E.; SMAJE, K.; ZEMMEL, R. **Rewired:** the McKinsey guide to outcompeting in the age of digital and AI. Hoboken, NJ: Wiley, 2023.

MARITACA AI. Site. Disponível em: <https://www.maritaca.ai/>. Acesso em: 09 abr. 2025.

MCKINSEY & COMPANY. **Losing from day one:** Why even successful transformations fall short. Dec. 07, 2021. Disponível em: <https://www.mckinsey.com/capabilities/people-and-organizational-performance/our-insights/successful-transformations>. Acesso em: 08 abr. 2025.

MCKINSEY & COMPANY. **Unlocking success in digital transformations.** Oct. 29, 2018. Disponível em: <https://www.mckinsey.com/capabilities/people-and-organizational-performance/our-insights/unlocking-success-in-digital-transformations>. Acesso em: 08 abr. 2025.

MEIRA, S. **Quando Máquinas Aprendem Demais:** notas sobre singularidade e superinteligência. 05 jan. 2025. Disponível em: <https://silvio.meira.com/quando-maquinas-aprendem-demais-notas-sobre-singularidade-e-superinteligencia/>. Acesso em: 09 abr. 2025.

MILLER, C. **Chip War:** the fight for the world's most critical technology. New York, NY: Simon and Schuster, 2022.

MINTZBERG, H.; AHLSTRAND, B.; LAMPEL, J. **Safari da estratégia:** um roteiro pela selva do planejamento estratégico. Porto Alegre: Bookman, 2010.

MORAKANYANE, R.; GRACE, A. A.; O'REILLY, P. Conceptualizing Digital Transformation in Business Organizations: A Systematic Review of Literature. *In*: BLED E-Conference: Digital Transformation – From connecting things to transforming our lives, 30., June 18-21, 2017, Bled, Slovenia. **Proceedings...** [s.l.]: 2017. Disponível em: <http://aisel.aisnet.org/bled2017/21>. Acesso em: 08 abr. 2025.

MORENO, M. Futurismo, inovação. **Bits**, s.d. Disponível em: <https://www.bitsacademy.com.br/inovacao/futurismo-tecnologia-inovacao/>. Acesso em: 09 abr. 2025.

NASCIMENTO, A. AI2M: um novo framework para adoção de IA. **MIT Sloan Management Review Brasil**, 23 maio 2023. Disponível em: <https://mitsloanreview.com.br/ai2m-um-novo-framework-para-adocao-de-ia/>. Acesso em: 08 abr. 2025.

NAYAK, C. Microsoft unveils Majorana 1, the world's first quantum processor powered by topological qubits. **Microsoft Azure**, Feb. 19, 2025. Disponível em: <https://azure.microsoft.com/en-us/blog/quantum/2025/02/19/microsoft-unveils-majorana-1-the-worlds-first-quantum-processor-powered-by-topological-qubits/>. Acesso em: 09 abr. 2025.

NEWSPACE INDEX. Site. Disponível em: <https://www.newspace.im/newspace>. Acesso em: 09 abr. 2025.

NICOLELIS, M. **O verdadeiro criador de tudo:** como o cérebro humano esculpiu o universo como nós o conhecemos. São Paulo: Crítica, 2020.

PATEL, N. Replika CEO Eugenia Kuyda says it's okay if we end up marrying AI chatbots. **The Verge**, Aug. 12, 2024. Disponível em: <https://www.theverge.com/24216748/replika-ceo-eugenia-kuyda-ai-companion-chatbots-dating-friendship-decoder-podcast-interview>. Acesso em: 14 abr. 2025.

PROFESSOR HOC. Canal do YouTube. Disponível em: <https://www.youtube.com/@ProfessorHOC>. Acesso em: 09 abr. 2025.

PWC. Índice Transformação Digital Brasil 2024. 2024. Disponível em: <https://www.pwc.com.br/pt/estudos/servicos/consultoria-negocios/indice-transformacao-digital-brasil-2024.html>. Acesso em: 08 abr. 2025.

QUALTRICS. **What is CSAT and how do you measure it?** Disponível em: <https://www.qualtrics.com/experience-management/customer/what-is-csat/>. Acesso em: 09 abr. 2025.

QUANTUM BLACK. **The State of AI:** how organizations are rewiring to capture value. **McKinsey**, Mar. 12, 2025. Disponível em: <https://www.mckinsey.com/capabilities/quantumblack/our-insights/the-state-of-ai>. Acesso em: 11 abr. 2025.

REUTERS. JPMorgan determina trabalho presencial 5 dias por semana a partir de março. **Istoé Dinheiro**, 10 jan. 2025. Disponível em: <https://istoedinheiro.com.br/jpmorgan-determina-trabalho-presencial-5-dias-por-semana-a-partir-de-marco/>. Acesso em: 14 abr. 2025.

RIES, E. **A startup enxuta.** São Paulo: Leya, 2012.

ROLFINI, F. Google recorre à energia nuclear para alimentar sua inteligência artificial. **Época Negócios**, 15 out. 2024. Disponível em: <https://epocanegocios.globo.com/sustentabilidade/noticia/2024/10/google-recorre-a-energia-nuclear-para-alimentar-sua-inteligencia-artificial.ghtml>. Acesso em 14 abr. 2025.

ROSS, J. W.; BEATH, C. M.; SEBASTIAN, I. M. Digitized ≠ Digital. **MIT Center for Information Systems Research**, n. XVII-10, Oct. 19, 2017. Disponível em: <https://cisr.mit.edu/publication/2017_1001_DigitizedNotDigital_RossBeathSebastian>. Acesso em: 08 abr. 2025.

ROUCH, M. *et al.* AI's Power Surge: The Looming Data Center Energy Challenge. **Bain & Company**, Dec. 2024. Disponível em: <https://www.bain.com/insights/ais-power-surge-the-looming-data-center-energy-challenge-snap-chart/>. Acesso em: 09 abr. 2025.

SENADO FEDERAL. **Projeto de Lei nº 2338, de 2023.** Disponível em: <https://www25.senado.leg.br/web/atividade/materias/-/materia/157233>. Acesso em: 09 abr. 2025.

SULEYMAN, M. **The Coming Wave:** technology, power, and the twenty-first century's greatest dilemma. New York, NY: Crown, 2023.

TANURE, B. A difícil arte de ser o sucessor em qualquer projeto. **Valor**, 19 jan. 2023. Disponível em: <https://valor.globo.com/carreira/coluna/a-dificil-arte-de-ser-o-sucessor-em-qualquer-projeto.ghtml>. Acesso em: 08 abr. 2025.

THE WHITE HOUSE. **What is the Blueprint for an AI Bill of Rights?** Disponível em: <https://bidenwhitehouse.archives.gov/ostp/ai-bill-of-rights/what-is-the-blueprint-for-an-ai-bill-of-rights/>. Acesso em: 09 abr. 2025.

THERE'S AN AI FOR THAT. Site. Disponível em: <https://theresanaiforthat.com/>. Acesso em: 09 abr. 2025.

VANCE, A. **Elon Musk:** como o CEO bilionário da SpaceX e da Tesla está moldando o nosso futuro. Rio de Janeiro: Intrínseca, 2015.

VIAL, G. Understanding digital transformation: a review and a research agenda. **The Journal of Strategic Information Systems**, vol. 28, n. 2, p. 118-144, June 2019.

VITORIO, T. Dizer 'obrigada' e 'por favor' para o ChatGPT pode custar caro; entenda. **Exame**, 19 abr. 2025. Disponível em: <https://exame.com/inteligencia-artificial/dizer-obrigada-e-por-favor-para-o-chatgpt-pode-custar-caro-entenda/>. Acesso em: 19 maio 2025.

WEBB, A. **The Big Nine:** how the tech titans and their thinking machines could warp humanity. London: PublicAffairs, 2019.

WEF. The Future of Jobs Report 2025. **World Economic Forum**, Jan. 07, 2025. Disponível em: <https://www.weforum.org/publications/the-future-of-jobs-report-2025/>. Acesso em: 09 abr. 2025.

WITCHER, B. *et al.* Evaluate Your Firm's Digital Business And Strategy Maturity. **Forrester**, Apr. 22, 2024. Disponível em: <https://www.forrester.com/report/evaluate-your-firms-digital-business-and-strategy-maturity/RES177745>. Acesso em: 08 abr. 2025. ■

SOBRE A BRASPORT